DER FESTUNGSKURIER

• • •

Beiträge zur Mecklenburgischen Landes- und
Regionalgeschichte vom Tag der Landesgeschichte
im Oktober 2013 in Dömitz

DER FESTUNGSKURIER

• • •

Beiträge zur Mecklenburgischen Landes- und
Regionalgeschichte vom Tag der Landesgeschichte
im Oktober 2013 in Dömitz

Sammlungen und Museumsprojekte
in Mecklenburg-Vorpommern

Herausgegeben vom Museum Festung Dömitz – Band 14

Norderstedt 2014

Bibliografische Information der Deutschen Bibliothek

Die deutsche Bibliothek verzeichnet diese Publikation in der Deutschen Nationalbibliografie;
detaillierte bibliografische Daten sind im Internet über http:dnb.ddb.de abrufbar.

Der Festungskurier, Band 14
Schriftenreihe des Museums Festung Dömitz
Herausgeber: Museum Festung Dömitz
Herausgeber dieses Bandes: Ernst Münch und Kersten Krüger
Einband: Museum Festung Dömitz

Herstellung und Verlag:
BoD – Books on Demand, Norderstedt
ISBN 978-3-7357-6250-4

Inhalt

Vorwort

Nach dem Stadtjubiläum von 2012 anlässlich der Ersterwähnung der Elbzollstelle bei Dömitz im Jahre 1237 konnte auch im folgenden Jahr, 2013, eines Ereignisses gedacht werden, das noch unmittelbarer mit der Geschichte des Museums Festung Dömitz verbunden ist: 1953 legte der langjährige und verdienstvolle Museumsleiter Karl Scharnweber mit der Einrichtung der ersten beiden Räume auf der Festung den Grundstein für das Museum.[1] In den folgenden 60 Jahren ist dieses Museum sukzessive, wenn auch nicht ohne sehr unterschiedliche Probleme gewachsen und nimmt heute in der Museumslandschaft Mecklenburg-Vorpommerns eine geachtete Position ein, die angesichts seiner Spezifik als ehemalige Festung sogar weit über die Grenzen unseres Bundeslandes hinausreicht.

Der 14. Tag der Landesgeschichte, veranstaltet durch das Museum Festung Dömitz und das Historische Institut der Universität Rostock, nahm dieses 60jährige Jubiläum daher im Jahre 2013 als willkommenen Anlass, sich erneut – wie bereits auf dem 10. Tag der Landesgeschichte im Jahre 2009[2] – mit Problemen, Konzeptionen und Perspektiven von und für Museen, Ausstellungen und historischen Jubiläen in Vergangenheit, Gegenwart und Zukunft zu beschäftigen. Nicht nur wegen der stets heiklen Finanzierungsfragen erscheint diese Thematik aktuell wie eh und je. Viel wichtiger ist in diesem Zusammenhang die Bedeutung dieser Seite unseres kulturellen Lebens als nicht zu vernachlässigender „weicher" Faktor für Lebensqualität und Attraktivität einzelner Orte und ganzer Regionen, ganz zu schweigen von ihrem Stellenwert für Bildung und Bewusstsein möglichst breiter Bevölkerungskreise.

Der nunmehr vorgelegte 14. Band beginnt mit dem Beitrag von Andrea Bärnreuther, der Koordinatorin der Universität Rostock für die Vorbereitungen auf das bevorstehende Doppeljubiläum in Rostock, der 800-Jahr-Feier der Stadt und der 600-Jahr-Feier der Universität in den Jahren 2018 und 2019. Kern der ehrgeizigen Zielstellung ist hierbei nicht lediglich die Orientierung auf eine Abfolge einzelner und vorübergehender Aktivitäten, wie etwa Ausstellungen, sondern das Bemühen, nach Möglichkeit etwas Bleibendes zu schaffen, wie der Beitrag es etwa in Gestalt eines „Hauses der Wissenschaften" als Idee entwickelt.

---

[1] KARGE, Wolf: Karl Scharnweber. Pädagoge, Museumsmann und Heimatforscher, in: Der Festungskurier, Bd. 13, Norderstedt 2013, S. 75-82.
[2] Druck: Museumskonzeptionen. Zu kulturhistorischen „Highlights" in Norddeutschland. Der Festungskurier, Bd. 10, Rostock 2010.

Der Verantwortliche für das Münzkabinett des Staatlichen Museums in Schwerin, Torsten Fried, demonstriert mit seiner Untersuchung über Orden auf Münzen sehr anschaulich, dass insbesondere größere Museen selbstverständlich nicht nur mit dem Sammeln, Bewahren, Systematisieren, Aufbereiten und Präsentieren ihrer Schätze zu tun haben, sondern darüber hinaus auch mit eigenen Forschungen Beiträge zu allgemeineren geschichtswissenschaftlichen Fragen beisteuern können und sollen. Hervorzuheben ist an diesem Beitrag überdies, dass sich der Autor auch dem in der Landesgeschichtsschreibung oft vernachlässigten Mecklenburg-Strelitz zuwendet.

Dass Personalmuseen selbst für unstrittig bedeutende historische Persönlichkeiten vom Range eines Fritz Reuter keine Selbstläufer sind, führt Wolf Karge, selbst u.a. langjähriger Museumspraktiker, am Beispiel des gescheiterten „Nationalmuseums" für Reuter in Schwerin vor mehr als einem Jahrhundert vor Augen, woran der als Person sehr problematische Theodor Gaedertz sowohl positiv wie negativ entscheidenden Anteil hatte. Wir können uns glücklich schätzen, dass diese Scharte in Mecklenburg – gerade im Vergleich zum Reuter-Wagner-Museum in Eisenach – in späterer Zeit durch die Museen in Stavenhagen und nicht zuletzt in Dömitz, der letzten Etappe der Festungshaft Reuters, ausgewetzt wurde. Und damit schließt sich der Kreis wieder zu Karl Scharnweber, der Fritz Reuter von Anfang an eine zentrale Rolle in seiner Museumskonzeption beimaß.

Dem Museum in Tellow für einen anderen „Nationalheiligen" Mecklenburgs widmet sich abschließend dessen Leiterin, Angela Ziegler, dem Nationalökonomen und Musterlandwirt Johann Heinrich von Thünen. Bereits der Titel des Beitrages deutet die nicht zuletzt finanziellen Probleme an, mit denen diese Einrichtung – wie viele andere im Lande – gegenwärtig zu kämpfen hat. Planungssicherheit und Kontinuität wären wichtige Voraussetzungen für eine gedeihliche Weiterentwicklung, zumal Thünen ebenso wie Reuter und beider Erbe weit über Mecklenburg ausstrahlen.

Ähnliche Schwierigkeiten wie für Tellow deuteten auch die Beiträge von Gesine Kröhnert über das von ihr geleitete Museum in Schwerin-Mueß sowie von Museumsleiter Olaf Both für das Heimatmuseum in Schönberg an, auf deren Abdruck hier leider verzichtet werden musste.

Fazit: Bei allen beachtlichen Erfolgen bedarf es auch weiterhin nicht nur neuer Ideen und nicht nachlassender Aktivitäten, sondern vor allem auch entsprechender Rahmenbedingungen, um unserer Museumslandschaft und ihrer Vielfalt Bestand, Perspektiven und Zukunft zu erhalten.

Rostock, Sommer 2014   Ernst Münch

Rostock – Hafen der Wissenschaften.
Ideen, Visionen und Planungen der Universität Rostock auf dem Weg zum Doppeljubiläum

Von Andrea Bärnreuther

Es ist für mich eine große Ehre, Ihnen in Dömitz, an diesem so eindrücklich von der Blüte des mecklenburgischen Fürstenhauses in der Renaissancezeit und seiner Verflechtung in Europa Zeugnis ablegenden Ort Ideen, Visionen und Planungen der Universität Rostock auf dem Weg zum Doppeljubiläum – 600 Jahre Universität und 800 Jahre Hansestadt Rostock – vorstellen zu können. Mit dem Namen des Erbauers der Festung Dömitz, Herzog Johann Albrecht, ist auch die Blütezeit der Universität Rostock verbunden, die nach 1563 – dem Abschluss der „Formula Concordiae", die die Verantwortung für die Universität in Form eines Kompatronats der mecklenburgischen Herzöge und des Rates der Stadt und der Bürgerschaft regelte – beginnt und bis in den Dreißigjährigen Krieg hinein reicht.

Am 12. November 2013 (12-11-13) steht die Universität Rostock 6 Jahre vor ihrem 600. Jahrestag (Abb. 1). Sie ist die älteste Universität im Ostseeraum und – nach Heidelberg und Leipzig – die drittälteste durchgehend existierende Universität in Deutschland. Ihre Bedeutung für die Hansestadt Rostock kommt in Wenzel Hollars Stadtplan von 1623 „Rostochium Urbs Megapolitana Anseatica et Mercatura et Universitate celebris" (Abb. 2) deutlich zum Ausdruck. Und sie lässt sich auch aus der Tatsache ermessen, dass es sich bei der Universität Hamburg, die 2019 ebenfalls Jubiläum begeht, um das 100jährige Jubiläum handelt. Dieser Tatsache trägt der von der Universität mitgetragene Beschluss der Bürgerschaft von 2012 Rechnung, das 800-jährige Stadtjubiläum am 24. Juni 2018 und das 600-jährige Universitätsjubiläum am 12. November 2019 miteinander zu verbinden und als Doppeljubiläum zu feiern.

Um nur einige Stichpunkte für die Bedeutung der Universität Rostock zu nennen: Im 15. Jahrhundert war sie mit 400 bis 500 Studierenden insbesondere aus Holland, Skandinavien und dem Baltikum eine der größten Universitäten in Deutschland. In den letzten Jahren der Hanse gründete der Mathematiker und Philosoph Joachim Jungius 1622 in Rostock die erste naturwissenschaftliche Gesellschaft in Deutschland („Societas ereunetica sive cetetica"). 1901 wurde das erste Ordinariat für Hals-Nasen-Ohrenheilkunde in Deutschland eingerichtet, das Ordinariat für Pharmakologie war das zweite seiner Art, auch der Lehrstuhl für Hygiene gehört zu den ältesten in Deutschland. 1938 wurde in Rostock die erste Zahnklinik Deutschlands in Betrieb genommen.

Die Universität Rostock versammelt eine lange Liste berühmter Persönlichkeiten, die es beim Jubiläum in ihrer Bedeutung für die Wissenschaftsentwicklung zu erinnern gilt: vom Humanisten Ulrich von Hutten über den Astronomen und Astrologen Tycho Brahe, den schwedischen Kanzler Axel Oxenstierna, den Wirtschaftswissenschaftler und Sozialreformer Johann Heinrich von Thünen, den Archäologen Heinrich Schliemann, den Begründer der Anthroposophie Rudolf Steiner, die Schriftsteller Erich Kästner, Walter Kempowski und Uwe Johnson, den Philosophen Moritz Schlick, Begründer des Wiener Kreises, die späteren Nobelpreisträger für Physiologie bzw. Medizin Karl von Frisch und Albrecht Kossel – und nicht zuletzt Albert Einstein und Max Planck, die anlässlich des 500jährigen Jubiläums 1919 die Ehrendoktorwürde erhielten.

Rostocks Universität ist eng mit der Geschichte der Hanse verbunden. Rostock war die Universität der Hanse und damit ursprünglich auch die Universität der Hansestadt Hamburg. So gesehen, legt die Universität Rostock Zeugnis ab von dem Weitblick der Hansekaufleute, die bereits im frühen 15. Jahrhundert die bis heute tragende Erkenntnis hatten: ‚WissenSchafftWirtschaft‘, um den Namen einer Strategischen Partnerschaft ins Spiel zu bringen, die aus einem Arbeitskreis in Vorbereitung des Jahres der Wissenschaft 2009 in Rostock hervorgegangen ist. Dass daraus für uns heute die Aufforderung erwächst, dieses Bündnis zu erneuern und für die Entwicklung der Stadt Rostock fruchtbar zu machen, liegt auf der Hand.

Die Aufgabe ‚Jubiläumsplanung‘
im Unterschied zu Museums- und Ausstellungsplanung

Um an das heutige Rahmenthema ‚Museumsplanungen ‘ anzuknüpfen: Ich möchte Sie zu einem Flug über die heute erst in Umrissen fassbaren Planungen zum Doppeljubiläum ‚Rostock – Hafen der Wissenschaften‘ einladen, die einen weiten Jubiläumsbegriff zur Anschauung bringen und vielfältige Schnittstellen zu Museums- und Ausstellungsplanungen im Museumskontext aufweisen, sich aber zugleich auch von ihnen unterscheiden.

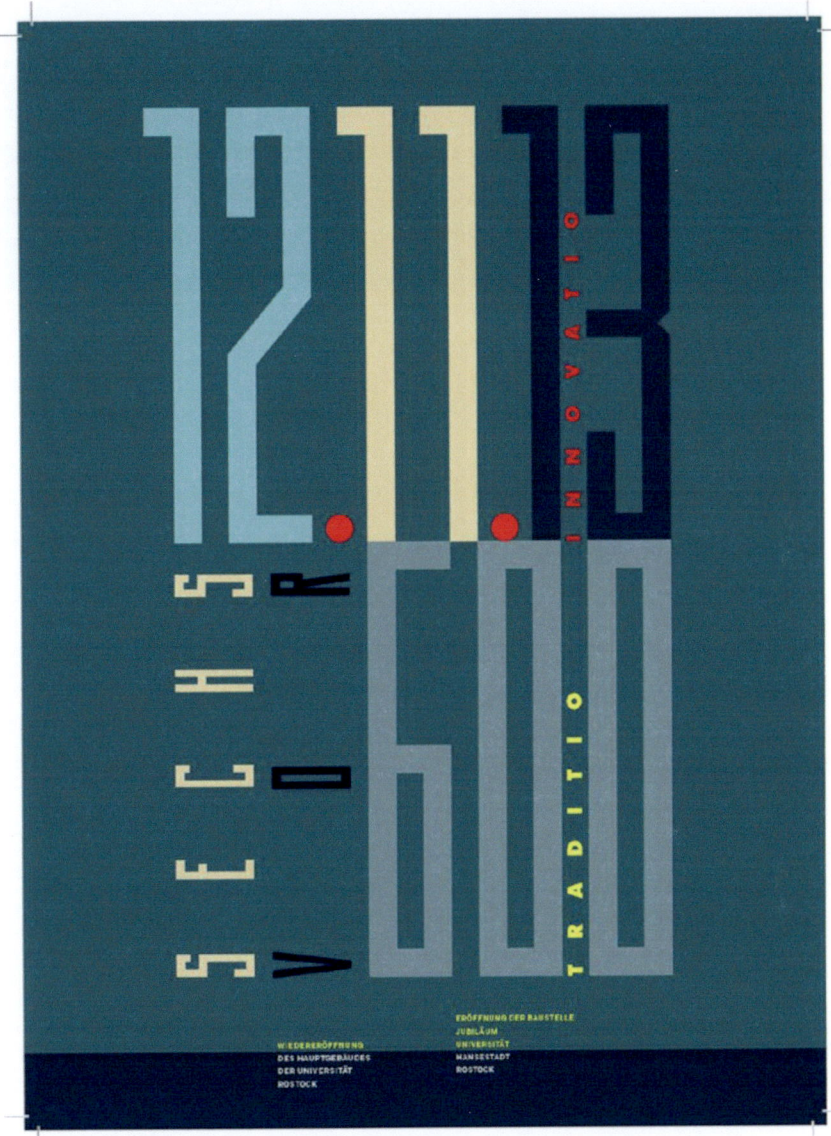

Abb. 1: ott + stein, Nicolaus Ott, Plakatentwurf für den 12.11.13
Sechs Jahre vor der 600-Jahrfeier der Universität Rostock, September 2013

Abb. 2: Wenzel Hollar, Stadtplan
„Rostochium Urbs Megapolitana Anseatica et Mercatura et Universitate celebris", 1623/24
Universitätsbibliothek Rostock, Foto: Universitätsbibliothek

Wie Museen, so besitzt auch die Universität Rostock Sammlungen, und zwar in einer Brandbreite, die sich von Sondersammlungen in der Museumsbibliothek – die wertvollsten stammen aus dem Legat der mecklenburgischen Herzöge und sind auch mit dem Namen Herzog Johann Albrecht verbunden – über historische, archäologische, naturwissenschaftliche, zoologische, medizinische, anatomische Sammlungen bis hin zu technikgeschichtlichen Sammlungen erstreckt. (Abb. 3, 4 und 5)

Abb. 3: Atlantenuhr, entstanden um 1710, Skulptur von Johann Samuel Nahl (Skulptur)
Louis Le Roy (Uhr), 1789 als Schenkung aus dem Besitz des mecklenburgischen
Herzogshauses in der Bibliothek des Weißen Kollegs aufgestellt
heute in der Bibliothek der Südstadt, Foto: ITMZ, Universität Rostock

Andrea Bärnreuther

Abb. 4: ‚Rostocker Pfeilstorch‘ von 1822
Zoologische Sammlung der Universität Rostock, Foto: Zoologische Sammlung

Abb. 5: Südamerikanische Hockmumie Anatomische Sammlung der Universität Rostock
Foto: Anatomische Sammlung Universität Rostock

Wenngleich es viele Schnittstellen von Museen und Universitäten als Bildungseinrichtungen gibt, so gewinnt doch das Museum sein besonderes Profil in dem auf die Sammlung, Bewahrung, Erforschung und Vermittlung von materiellen und immateriellen Zeugnissen von Menschen und Ihrer Umwelt festgelegten öffentlichen Auftrag, wie er in den 2007 in Wien verabschiedeten ICOM-Richtlinien definiert wurde:

Das Museum ist eine gemeinnützige, auf Dauer angelegte, der Öffentlichkeit zugängliche Einrichtung im Dienste der Gesellschaft und ihrer Entwicklung, die zum Zwecke des Studiums, der Bildung und des Erlebens materielle und immaterielle Zeugnisse von Menschen und ihrer Umwelt beschafft, bewahrt, erforscht, bekannt macht und ausstellt.

Zugleich hat sich zwei Jahre nach den „Empfehlungen des Wissenschaftsrats zu wissenschaftlichen Sammlungen als Forschungsinfrastrukturen" vom Januar 2011 eine stärkeres Bewusstsein des Potentials wissenschaftlicher Sammlungen – und das heißt materieller Kultur – als Infrastrukturen für Forschung, Lehre und Bildung sowie ein stärkeres Interesse an der Erforschung der ‚Sprache der Objekte' herausgebildet. Mit der im Mai 2012 am Hermann von Helmholtz-Zentrum für Kulturtechnik der Humboldt-Universität zu Berlin angesiedelten und vom Bundesministerium für Bildung und Forschung finanzierten Koordinierungsstelle für wissenschaftliche Universitätssammlungen in Deutschland wurden Impulse zur Weiterentwicklung und Vernetzung der Sammlungen gesetzt, aus denen auch die Sammlungen der Universität Rostock profitieren können.

In dieser Hinsicht bietet das Universitätsjubiläum eine einmalige Chance, die Bedeutung gerade diesen integralen Bestandteiles des Gedächtnisses der Universität ins Bewusstsein der Verantwortlichen in Wissenschaft und Politik sowie ins öffentliche Bewusstsein zu heben und Zukunftsperspektiven für die Erhaltung, wissenschaftliche Erschließung und Vermittlung zu entwickeln.

In diesem Zusammenhang stehen ein demnächst startendes Filmprojekt sowie ein Publikationsprojekt, das anhand ausgewählter Objekte spannende Einblicke in die Geschichte einer 600jährigen Institution zu gewinnen verspricht.

Ein komplementärer Zugang sucht die Institution seitens der sie prägenden Akteure, Konzepte und Netzwerke sowie der gesellschaftlichen, politischen und wirtschaftlichen Kontaktzonen in den Blick zu nehmen, wobei es im Unterschied zur ersten Publikation unverzichtbar ist, dass sie als ein Gemeinschaftswerk zahlreicher Autoren aus allen Fakultäten und einschlägigen Instituten und auch aus der Studentenschaft entsteht. Die Publikation stellt sich der Trias der Grundfragen: Wer sind wir? Woher kommen wir? Wohin gehen wir?

Ist uns die erste Art der Publikation aus dem Museumskontext vertraut, so versteht sich die zweite als ein gemeinschaftlich zu erarbeitendes multiperspektivisches, vielstimmiges Selbstbild, das angesichts einer doppelt gebrochenen Geschichte und einer auf die Autonomie der Fakultäten gegründete Struktur der Universität eine Herausforderung darstellt, die nicht überschätzt werden kann. Eine Herausforderung und zugleich die Chance, im Entwurf eines Selbstbildes für die Außendarstellung intern Diskussionsprozesse auszulösen, die zum Aufbau einer *corporate identity* ‚Universität' beitragen kann, die mehr ist als die Summe ihrer Teile.

Was das Universitätsjubiläum vom Museums- und Ausstellungsbereich am meisten unterscheidet – und zwar gerade angesichts einer klassischen, um eine Technische Fakultät bzw. einen großen Bereich an anwendungsorientierter Forschung erweiterten Universität – ist die Komplexität, die eine große Vielfalt von Fachkompetenzen, unterschiedlichen Wissenschaftssprachen und Wissenskulturen umfasst und damit eine große Bandbreite unterschiedlicher Wahrnehmungswelten und Denkhorizonte. Dies erfordert bereits auf der Produktionsebene ein hohes Maß an Übersetzungsleistung.

Der großen Bandbreite an Wissensgebieten an der Universität entspricht die große Bandbreite an Zielgruppen, wobei der Spagat zwischen dem Fachpublikum und der breiteren Öffentlichkeit, zwischen potentiellen Kooperationspartnern in der Wissenschaft und Vertretern aus Politik, Wirtschaft und Gesellschaft gelingen muss. Dabei bietet sich die Forschungsausstellung als das geeignete Medium an, mit dem über die Entwicklung unterschiedlicher Rezeptionsebenen Spitzenforschung und Breitenwirksamkeit, Kognition und Emotion miteinander verbunden werden können.

Die Zielsetzung des Jubiläums geht allerdings weit über die Produktpalette von Ausstellungen, Veranstaltungen und Publikationen hinaus; sie umfasst gleichermaßen partizipatorische Projekte und Prozesse, an denen sich der Erfolg messen lassen muss.

Wissenschaftskommunikation und Außendarstellung sind beim Jubiläum nur eine Seite der Medaille. Ebenso wichtig ist die Wirksamkeit des Jubiläums im Innern als Mobilisierungsangebot auf allen Ebenen der Universität: den Lehrenden und Lernenden und allen nicht-wissenschaftlichen Mitarbeitern. Angesichts des mit der komplexen Struktur erforderlichen langen Vorlaufs und zugleich der hohen Fluktuationsrate der Studierenden, die zum einen als Zielgruppen und zum andern als am Planungsprozess Partizipierende gewonnen werden müssen, gilt es, bereits den Weg zum Jubiläum zu gestalten.

Angesichts des Beschlusses, das Jubiläum als ‚Doppeljubiläum' zu begehen, enden die hier angesprochenen Prozesse der Selbstreflexion, Selbstbefragung und Zukunftsprojektion auch nicht an den Grenzen der Universität; sie greifen auch auf das Verhältnis von Universität und Stadt aus, die Definition von Schnittstellen gemeinsamer Interessen und die Entwicklung von Zukunftsperspektiven im Sinne neuer Formen der Zusammenarbeit.

Um die Begriffe „Qualität und Relevanz" aufzugreifen, zwischen denen die Denkschrift zur Lage der Museen von 2012 (herausgegeben vom Institut für Museumsforschung und dem deutschen Museumsbund) die Museen zu positionieren sucht, bei einem Jubiläum sind Qualität und Relevanz nach keiner Seite der Extreme aufzulösen. Dies bedeutet für die Jubiläumsplanung die Entwicklung einer breiten Produktpalette und einer großen Bandbreite von Veranstaltungsformaten sowie die Gewinnung einer Vielzahl von Personen mit unterschiedlichen Kompetenzen und Erfahrungshorizonten auf unterschiedlichen Ebenen als Mitdenker, Mitgestalter und Mitstreiter und auch als Multiplikatoren und Förderer.

Das Logo ‚Rostock – Hafen der Wissenschaften 1218/1419' als Programm

Heute, gut vier Jahre vor der 800-Jahrfeier der Stadt und knapp fünfeinhalb Jahre vor der 600-Jahrfeier der Universität, ist das ‚Gebäude' – Gebäude im übertragenen Sinne –, das wir mit dem Doppeljubiläum errichten wollen, erst in Umrissen erkennbar. Aber wir segeln nicht ohne Kompass. Unser Logo ‚Rostock – Hafen der Wissenschaften 1218/1419' (Abb. 6) weist uns und allen, die sich mit uns gemeinsam auf die Reise begeben wollen, die Richtung. Unser Verzicht auf die Jahreszahlen des Doppeljubiläums 2018/2019 ist Programm wie ebenso der Verzicht auf das Wort ‚Universität'. Wir wollen uns nicht darauf beschränken, 2018/2019 ein Feuerwerk zu zünden, sondern wir verstehen das Doppeljubiläum und den Weg zum Doppeljubiläum als Schrittmacher einer nachhaltigen Entwicklung, der neue Funken aus unserer gemeinsamen Vergangenheit schlägt und für die Zukunft fruchtbar macht. Als Chance und Verpflichtung, in der Erinnerung an eine 600 Jahre tragende Entscheidung, selbst ein Fenster in die Zukunft zu öffnen.

Uns selber begreifen wir als Teil einer höchst lebendigen und attraktiven Wissenschaftslandschaft, die zusammen mit den Fraunhofer- und Leibniz-Instituten, dem Max-Planck-Institut für Demographie und den Helmholtz-Aktivitäten und nicht zuletzt der Hochschule für Musik und Theater eine kaum zu überschätzende Standortqualität darstellt. Die konzertierten Aktionen des Wissenschaftsmarketingvereins ‚Rostock denkt 365°' wie ‚Rostock's Eleven' und ‚Science Soap', die bundesweite Medienaufmerksamkeit gewonnen haben, lassen ein großes Potential erahnen, das es mit vereinten Kräften zu entfalten gilt. Dass die ‚Stadt der jungen Forscher' nach tragfähigen, langfristig angelegten Strukturen der Zusammenarbeit von Wissenschafts-, Kultur- und Bildungsinstitutionen verlangt, sehe ich als eine Herausforderung, die vielfältige Gestaltungsmöglichkeiten impliziert.

1218
HAFEN DER ROSTOCK
WISSENSCHAFTEN
1419

Abb. 6: ott + stein, Nicolaus Ott
Logo zum Doppeljubiläum „Rostock – Hafen der Wissenschaften 1218/1419"

Das Jubiläum als Chance der Selbstreflexion und Selbstbefragung, der Standortbestimmung und der Entwicklung von Zukunftsperspektiven

Jubiläen stellen in unserer Gesellschaft, die sich den Herausforderungen der Globalisierung und dynamischen Veränderungsprozessen gegenüber sieht, eine seltene Chance der Selbstreflexion und Standortbestimmung dar, der gesellschaftlichen Selbstverständigung, der Zukunftsprojektion und der Entwicklung von Zukunftsperspektiven. Sie laden uns ein, den Denkhorizont alltäglicher bzw. routinemäßiger Planungs- und Entscheidungsprozesse mit ihren Zwängen, Kosten-Nutzen-Relationen und Rentabilitätsrechnungen sowie unseren eigenen engeren Verantwortungsbereich zu überschreiten und uns in andere größere Zeithorizonte zu begeben, uns die Wirkmächtigkeit von Entscheidungen vor Augen zu führen, die die Weichen für Jahrhunderte gestellt haben. Sie bieten uns die einzigartige, einmalige Chance, Aufmerksamkeit und insbesondere Medienaufmerksamkeit auf uns zu ziehen und in neuer, differenzierter Weise wahrgenommen zu werden. Dabei sind wir aufgerufen, gemeinsam an einem neuen Image zu arbeiten.

Zugleich sehen wir uns mit großen Erwartungen konfrontiert. Der Blick von außen wartet auf deutliche Zeichen, Signale des Aufbruchs, auf etwas, das lokal verankert ist und zugleich überregionale Ausstrahlung besitzt, etwas, das den Rahmen des Gewöhnlichen sprengt und neue Wege in die Zukunft weist, etwas, das nur als gemeinsame Anstrengung vieler und Ergebnis von Synergieeffekten möglich ist.

Groß denken und gemeinsam handeln als NOTwendigkeit

Groß zu denken ist angesichts dieser Chance und dieser Zielsetzung das Gegenteil von einer Luxusbeschäftigung. Es ist im buchstäblichen Sinne notWendig. Wenn wir in die Geschichte zurückblicken und große Leistungen auf ihre Entstehung hin befragen, dann zeigen sie sich häufig als ein ‚Dennoch‘, als etwas, was den Verhältnissen abgetrotzt worden ist. Selten war dabei das Vorhandensein finanzieller Mittel Auslöser oder Voraussetzung.

Jubiläum als Schrittmacher einer nachhaltigen Entwicklung

Olympische Spiele, Fußballweltmeisterschaft, Kulturhauptstadt, IGA (Internationale Gartenausstellung), Jubiläum: für alle Großprojekte, Großveranstaltungen und Megaevents gilt, dass es entscheidend ist, sie als Schrittmacher einer nachhaltigen Entwicklung zu nutzen sowie als Chance, nachhaltig ein positives Image der Stadt bzw. des Landes zu prägen.

‚Traditio et Innovatio‘

Das Motto unser Universität *traditio et innovatio* bezeichnet das Spannungsfeld unseres Jubiläumsprogramms, das neben einem reichen ‚Wissenschaftsjahr 2019‘ mit einer Abfolge hochkarätiger bundesweiter und internationaler Fachtagungen, Kongresse und Symposien ein großes Ausstellungs-, Veranstaltungs- und Publikationsprogramm umfasst, das überzeugend die Botschaft vermittelt: *Tua res agitur –* ‚es geht um Dich und Deine Sache‘.

Kulturhistorische Ausstellung zur Verflechtungsgeschichte der Universität als Nukleus der Zusammenarbeit von Universität und Stadt

Der Blick in die Vergangenheit wird von aktuellen Fragestellungen sowie von dem Blick in die Zukunft geleitet. Als Schwerpunkt der Zusammenarbeit mit der Stadt ist eine Forschungsausstellung geplant, die zusammen mit dem Kulturhistorischen Museum entwickelt wird und von Mai bis November 2019 im Kloster zum Heiligen Kreuz stattfinden soll. Thema ist die Verflechtungsgeschichte der Universität mit der Stadt, der Kirche, dem mecklenburgischen Fürstenhaus, der Hanse sowie transnational anhand exemplarischer Beispiele. Diese können Forschungsgegenstände wie das ,Rostocker Liederbuch' sein oder auch Personen wie Oluf Gerhard Tychsen. Dieser verfügte über ein riesiges Gelehrtennetzwerk. Die Universität verdankt ihm reiche Sammlungsbestände im Bereich der Bibliothek, der archäologischen Sammlungen (islamische Münzen), der Zoologie etc., die heute interdisziplinäre Zusammenarbeit von Bibliothekswissenschaftlern, Philologen, Theologen, Kulturwissenschaftlern, Archäologen, Orientalisten und Zoologen anregen können. Anhand seines Gutachtens, das am 22. Februar 1813 zur kurzzeitigen bürgerlichen Gleichstellung der Juden führte, können auch die gesellschaftlichen Implikationen und Auswirkungen seiner Tätigkeit thematisiert werden. Mit den an der Universität Rostock eingerichteten Forschungsstellen zu Personen von internationalem Rang wie dem an der Universität Rostock tätigen Philosophen Moritz Schlick, Begründer des Wiener Kreises und Wegbereiter der Analytischen Philosophie, auf den auch die Verleihung der Ehrendoktorwürde an Max Planck und Albert Einstein zum 500jährigen Jubiläum im Jahr 1919 zurückgeht, oder dem an der Universität Rostock Germanistik studierenden Schriftsteller Uwe Johnson gewinnt die Universität Rostock heute und in den kommenden Jahren großartige Möglichkeiten der Vernetzung in der Wissenschaftswelt. Denn die Forschungsstelle und das Akademievorhaben bringen gleichsam den ganzen Moritz Schlick und den ganzen Uwe Johnson an die Universität Rostock zurück, wobei Letzteres auch die Aufarbeitung der DDR-Geschichte als lokales Ereignis von internationalem Interesse impliziert.

Eine höchst spannende Verflechtung mit der Stadt lässt sich an der Personengruppe der Mediziner zeigen, die in ihrer Doppelfunktion als Wissenschaftler und Ärzte zugleich in der Welt der Wissenschaft und in der Stadt Rostock wirksam war.

Wanderungsbewegungen der Studierenden im Mittelalter und emigrierende Professoren im 19. Jahrhundert bilden weitere Themen und auch die anatomische Sammlung, deren Bestände wie eine Mumie aus Chile gerade auch hinsichtlich ihrer Provenienz, ihres Eintritts in die anatomische Sammlung sowie ihres Verwendungszusammenhangs viele Fragen aufwerfen.

Höchst spannend dürfte auch die Verflechtungsgeschichte der Universität im geistes- und kulturgeschichtlichen Prozess der Reformation sein, wobei hier besonders an David Chytraeus und die Ausstrahlung der Reformation in die skandinavischen Länder und nach Österreich zu erinnern ist.

Einen weiteren großen Themenkomplex bilden die politisch definierten Zeitabschnitte des Nationalsozialismus und der SBZ/ DDR, wobei letztere sowohl in ihrer Verflechtung und Interaktion mit osteuropäischen Nachkriegsdiktaturen als auch – in direkter politisch-ideologischer Systemkonkurrenz – mit der Bundesrepublik Deutschland thematisiert werden könnte. Im Spannungsfeld von Wissenschaft und Politik bewegt sich auch Arno Esch, der 1946 ein Studium der Rechtswissenschaften an der Universität Rostock begann. Esch provozierte die SED mit seinem engagierten Eintreten für einen sozial orientierten Liberalismus, für Gewaltenteilung, Bürgerrechte, die Abschaffung der Todesstrafe und das Recht auf Kriegsdienstverweigerung. Für Kontroversen sorgte sein Ausspruch: „Ein liberaler Chinese steht mir näher als ein deutscher Kommunist." Mit derartigen Auffassungen und seiner kompromisslosen Haltung geriet Esch 1949 in die Schusslinie der SED, die in ihm „als Wissenschaftler ebenso wie als Richter eine Gefahr" witterte, ihn verhaftete und schließlich nach dem Strafrecht der Russischen Sozialistischen Föderativen Sowjetrepublik (RSFSR) zum Tode verurteilte. Arno Esch wurde am 24. Juli 1951 in der Sowjetunion erschossen.

Mit der Aussicht, einzelne Module der Ausstellung anschließend in die Dauerausstellung des Kulturhistorischen Museums zu übernehmen, kann auch hier – für beide Seiten gewinnbringend – dem Prinzip der Nachhaltigkeit Rechnung getragen werden.

Zum Stadtjubiläum am 24. Juni 2018 ist ein Präludium angedacht, das die Universität im Zentrum der Stadt Rostock als Mitte der Stadt thematisiert. Zugleich soll der ‚Hafen' der Stadt als Ort der Übersetzung dargestellt werden. Daneben soll Geschichte in Form exemplarischer Lebensbilder zur Anschauung gebracht und der Sammlungskosmos der Universität präsentiert werden. Stufenweise wird der Betrachter an die Sprache der Objekte herangeführt, die über Geschichten in einem weiten Beziehungsgefüge erschlossen werden.

Dass das 1270 durch die dänische Königin Margarethe gegründete Zisterzienserkloster zum Heiligen Kreuz – das einzig vollständig erhaltene Kloster in Rostock mit der einzigen Universitätskirche in Ostdeutschland (eine spätere Nutzung) – eine anspielungsreiche ‚Szenografie' für die Ausstellung zur Verflechtungsgeschichte darstellt, ist leicht nachzuvollziehen. Denn der Ort liegt direkt neben dem 1870 eingeweihten Hauptgebäude der Universität (Abb. 7) und lässt daran erinnern, dass die Universität, wie der Vicke-Schorler-Rolle zu entnehmen ist, mehrfach in ihrer Geschichte in zentralen Gebäuden der Stadt untergebracht war: Das Lektorium (Auditorium Magnum) befand sich in der zweiten Hälfte des 16. Jahrhunderts am Hopfenmarkt im ehemaligen Rathaus der Neustadt (Abb. 8), das Juristenkolleg am Alten Markt im ehemaligen Rathaus der Altstadt (Abb. 9).

Abb. 7: Hauptgebäude der Universität Rostock
Fassade zum Universitätsplatz, Foto: ITMZ, Universität Rostock

Als kulturelles Erbe von besonderer Bedeutung, das einerseits Stadt, Kirche und Universität verbindet und andererseits die Hansestadt Rostock mit anderen Städten im Ostseeraum, bildet die „Astronomische Uhr" einen im Bewusstsein der Bevölkerung stärker zu verankernden Gegenstand, dessen weitere Erforschung das ‚kulturelle Erbe' der Vergangenheit zugleich als Beziehungsgeflecht begreifbar machen wie auch als dessen Motor erneut wirksam werden lassen könnte. (Abb.10)

Abb. 8: Vicke Schorler, WARHAFTIGE ABCONTRAFACTUR DER HOCHLOBLICHEN UND WELTBERUHMTEN ALTEN SEE- UND HENSESTADT ROSTOCK, HEUPT-STADT im LANDE ZU MECKELNBURGK, 1578-86, Hopfenmarkt von Norden, Lektorium (Auditorium Magnum) Ehemaliges Rathaus der Neustadt, davor Studentenzug mit Musikkapelle, Archiv der Hansestadt Rostock

Zukunftslabor – diskursive multimediale Ausstellung „Experiment Zukunft"

Zum andern hat die Universität Rostock mit ihren für eine klassische Universität bemerkenswert vielfältigen anwendungsorientierten Forschungsprogrammen und Lehrangeboten, zum Teil auch mit standortbezogenem Profil, ein großes Potential für die wirtschaftliche Entwicklung der Stadt Rostock. Im Jubiläum wird sich dieses Profil in einer großen diskursiven, multimedialen Ausstellung widerspiegeln, die den Titel „Experiment Zukunft" tragen und die Rolle eines Zukunftslabors spielen soll, in dem Zukunftsfragen verhandelt werden, die uns alle angehen: Energie- und Klimafragen, Fragen des Gesundheitswesens, der regenerativen Medizin, Medizintechnik und Medizinethik, Fragen zum demographischen Wandel, zur Wissensgesellschaft in der globalisierten Welt etc.

Abb. 9: Vicke Schorler (wie Abb. 8), Alter Markt, Doktorandenzug, Juristenkolleg 1582 (Ehemaliges Rathaus der Altstadt), Archiv der Hansestadt Rostock

und nicht zuletzt das große Spektrum maritimer Themen oder genauer Themen im Bereich maritimer Systeme.

Auch hier ist der richtige Ort entscheidend für die Wirksamkeit der Ausstellung und darüber hinaus auch die Erreichung der mit dem Jubiläum verbundenen Zielsetzung der Ausstrahlung der Universität in die Stadtgesellschaft.

In einem langen Diskussionsprozess mit Vertretern der Universität und der Stadt wurden unterschiedliche Lösungsvarianten durchgespielt und auf Machbarkeit geprüft.

Variante 1: Neubau eines Flusskreuzfahrtschiffes A-Rosa in temporärer sowie in nachhaltiger Nutzung. Aufgrund der Abhängigkeit von großen Sponsoring-Leistungen der Meyer-Werft sowie von A-Rosa wurde die Prüfung dieser Variante zur Chefsache erklärt. Sie soll daher hier nur gestreift werden, zumal bis dato weder die technische Machbarkeit der Erstellung eines Rohbaus ohne Kabinen zur besseren Nutzung als Ausstellung erwiesen ist noch die finanzielle Realisierbarkeit angesichts eines kaum zu erwartenden *return on invest*.

Abb. 10: Astronomische Uhr in St. Marien, Rostock, um 1464/1472
Foto: ITMZ, Universität Rostock

Sehr kontrovers wurde <u>Variante 2</u>: die Einbeziehung maritimen Erbes am Beispiel der MS Stubnitz, Baujahr 1964 Stralsund, eines ehemaligen, nun unter Denkmalschutz stehenden Fischtrawlers diskutiert, der in den 90er Jahren eine Transformation in ein Kunstraumschiff und mit der Auszeichnung als „Spielstätte des Jahres 2013" durch den Bundesbeauftragten für Kultur und Medien eine Würdigung als kulturelle Institution von nationaler Bedeutung erfahren hat. Die Befürworter argumentierten mit der heute nicht mehr möglichen und daher besonders wertvollen Verbindung von Seeschiff und Veranstaltungsort und der damit verbundenen Botschafterfunktion sowie mit der Eignung des dreigeschossigen Atriums als einzigartiger Szenografie für eine multimediale Ausstellung

Abb. 11: MS Stubnitz, Foto: Urs Blaser

(Abb. 11) sowie mit der Möglichkeit einer neuen Trägerschaft und der zeitlichen Machbarkeit. Dagegen führten die Gegner Betriebskosten in dreifacher Höhe der Betriebskosten eines Gebäudes ins Feld (450 000 € Fördermittel jährlich erforderlich, i.e. 50 % der Gesamtbetriebskosten) sowie die Schwierigkeit eines barrierefreien Zugangs (das Schiff steht unter Denkmalschutz) und die offene Frage nach der Möglichkeit des Klassenerhalts des Schiffs nach dem erforderlichen Umbau, wobei unterschwellig auch das ehemalige Image als Partyschiff den Blick auf die besonderen Qualitäten dieses maritimen Erbes verstellte.

Bei der Variante 3: ein festes Gebäude an Land, wurde zunächst der Standort Stadthafen in den Blick genommen, der sich aufgrund seiner historischen Bedeutung für die Hansestadt sowie der topografischen Lage in Blickachse zum Universitätsplatz und auch als Referenz des Jubiläumslogos ‚Hafen der Wissenschaften' empfahl. Zugleich führte seine Lage innerhalb eines aktuellen städtebaulichen Wettbewerbsgebiets, in dem es um die Ankoppelung des Gebiets Christinenhafen, Stadthafen, Haedgehalbinsel und Bussebart an die Innenstadt und die Wahl des Theaterstandorts geht, für das bereits die Weichen gestellt waren, in die Sackgasse, da keine Möglichkeit mehr bestand, hier Baurecht zu erhalten. Als alternativer Standort am Wasser wurde der geplante Museumsneubau der renommierten Architekten Holzer und Kobler im Rahmen des IGA-Park-Entwicklungskonzepts in die Diskussion eingebracht. Allerdings standen hier gewichtige Gründe gegen eine Weiterverfolgung der Idee: seine mangelnde Eignung für ein Schaufenster des Wissenschaftsstandorts, die Tatsache, dass dieses Projekt auch innerhalb der Stadt bzw. zwischen Stadtverwaltung und Bürgerschaft nicht als konsensfähig gelten konnte, und nicht zuletzt die Schwierigkeit der Finanzierung bzw. Co-Finanzierung angesichts einer Bausumme von zwanzig Millionen und der Tatsache, dass nicht einmal die Realisierung der Bauprojekte gesichert war, denen die Stadt höchste Priorität für das Jubiläum zukommen ließ.

Unter diesen Voraussetzungen gewinnt der Lösungsvorschlag „Haus der Wissenschaft" in der Baulücke am Universitätsplatz eine neue Bedeutung (Abb. 12). Die Tatsache, dass bereits seit fünfzehn Jahren und bislang ohne Erfolg die Baulückenbebauung zwischen dem Palaisgebäude und der ehemaligen Neuen Wache, die 1918 der Universität aus großherzoglichem Besitz übertragen worden war, in Aussicht genommen wird, zeigt, wie wichtig ein nachhaltiges Nutzungskonzept sowie damit verbunden ein qualifizierender moderierter Prozess ist, aus dem neue Formen der Zusammenarbeit entwickelt werden, die nachhaltig wirksam sind.

Abb. 12: Baulücke vor dem Bücherspeicher
zwischen dem Palaisgebäude und der ehemaligen ‚Neuen Wache'
Foto ITMZ, Universität Rostock

Sieht man die Ausstellung ‚Experiment Zukunft', und das heißt eines Schaufensters der Universität und nach Möglichkeit auch des Wissenschaftsstandorts im Sinne des Logos ‚Rostock – Hafen der Wissenschaften', als ersten Schritt der festen Institution eines ‚Hauses der Wissenschaft', dann lassen sich Synergieeffekte entwickeln. Diese könnten einerseits einem unterfinanzierten Ausstellungsprojekt helfen und andererseits die in Vorbereitung des Ausstellungsprojekts in Gang gesetzten Prozesse und Aktivitäten für die Gestaltung und nachhaltige Wirksamkeit eines ‚Hauses der Wissenschaft' nutzbar machen.

Mit einem solchen ‚Haus der Wissenschaft' im Herzen der Stadt käme eine Entscheidung zum Zug, die für beide eine *win-win*-Situation darstellte. Eine Entscheidung, bei der die Jubiläumsausstellung ‚Experiment Zukunft' zum Schrittmacher einer nachhaltigen Entwicklung würde, die im Zentrum des Interesses der Stadt und der Universität liegt. Eine Entscheidung, für die sich höchstwahrscheinlich Fördermittel des Landes sowie der regionalen und lokalen Wirtschaft gewinnen ließen. Eine Entscheidung, die zugleich neue Formen der Zusammenarbeit ermöglichte und die Lösung anstehender Probleme böte. Eine Entscheidung für ein Projekt, das als Visitenkarte der Stadt und der Universität taugte und das Spannungsfeld von Tradition und Innovation auch im Stadtinnern in architektonischer Gestalt zum Ausdruck brächte.

Versteht man den Weg von der Jubiläumsausstellung zu einem ‚Haus der Wissenschaft' in Analogie zu dem Weg, den die vom Stifterverband für die Deutsche Wissenschaft seit 2005 ausgezeichneten ‚Städte der Wissenschaft' genommen haben, um sich nachhaltig als ‚Wissenschaftsstädte' zu positionieren, so gewinnt man diskutierbare Lösungsansätze für die Trägerschaft und den Unterhalt eines derartigen Gebäudes, dessen Reiz bzw. Berechtigung gerade darin liegt, institutionelle Grenzen und Ressortdenken zu überwinden, um Wissen in den Dienst der Gesellschaft zu stellen und für die Entwicklung der Stadt wirksam werden zu lassen. Ein Vergleich, der auch angesichts der Tatsache naheliegt, dass Lübecks Motto ‚Hanse trifft Humboldt' auf keine andere Stadt besser zutrifft als auf die alte Hansestadt Rostock mit der ältesten Universität im Ostseeraum.

Wie im ‚Lübecker Katalog', den die sieben in den Jahren 2005 bis 2012 ausgezeichneten Städte (Bremen/Bremerhaven, Dresden, Braunschweig, Jena, Oldenburg, Mainz, Lübeck) unterzeichneten, festgehalten, brauchen Wissenschaftsstädte und ihre Wissenschaftsmilieus auch bauliche Orte, die als Kristallisationspunkte einer Profilbildung wirken. Wie Lübecks Anstrengungen um eine Zukunft als Wissenschaftsstadt zeigen, die sich nicht als Frucht einer glücklichen Situation verstehen lassen, sondern im Gegenteil als NOTwendigkeit der in eine existentielle Krise geratenen Universität, geht es hier um alles andere als ein Luxusprojekt.

Im Rahmen der Jubiläumsplanung versteht sich ein solches ‚Haus der Wissenschaft' im Herzen der Stadt als Instrument, Katalysator und Symbol der Ausstrahlung der Wissenschaft in die Stadtgesellschaft. Über die allgemeine Zielsetzung der Wissenschaftskommunikation hinaus begreift es sich als ein Forum der Auseinandersetzung mit aktuellen Fragen der Gesellschaft und ganz konkret der Stadtgesellschaft, als ein Ort, der Wissenschaft als Zukunftsfaktor für Stadt und Region sichtbar macht und wirksam werden lässt, der die Diskussionskultur in der Stadt und damit die Zivilgesellschaft stärkt, den Austausch zwischen Wissenschaft, Wirtschaft, Politik und Kultur fördert und den Wissens- und Technologietransfer von der Universität sowie den außeruniversitären Forschungseinrichtungen in Unternehmen anregt (z.B. durch Best-Practice-Beispiele). Das ‚Haus der Wissenschaften' ist der prädestinierte Ort für Querschnittsaufgaben und Aufgaben, die neue Formen der Zusammenarbeit erfordern und für die es in der Stadt noch keinen Ort gibt wie zum Beispiel ein Internatio-nal House und Welcome Center für Universität und Stadt.

Für ein Nutzungskonzept sind unterschiedliche Varianten denkbar, wobei es gerade auch angesichts der relativ kleinen Größe wichtig ist, dass das Haus ein besonderes Profil entwickelt. Als eine Variante lässt sich ein ‚Haus der Wis-senschaft' für den Wissenschaftsstandort Rostock mit einem gemeinsam mit den anderen Wissenschafts- und Forschungseinrichtungen zu bespielenden Schau-fenster (mit Internetpräsenz) denken, einem Diskussionsforum bzw. einer Platt-form Wissenschaft – Wirtschaft, einem Career Development Office, einem La-boratorium für Studierendenprojekte und einem Forum Wissenschaft und Schule; als zweite Variante ein ‚Haus der Wissenschaft' für Mecklenburg-Vor-pommern mit analogen Funktionen, wobei hier auch an ein Schaufenster der Na-tionalen Branchenkonferenz Gesundheit, von Science-Net-MV, dem Kompe-tenzportal für Spitzenforschung in Mecklenburg-Vorpommern (Projektträger Jülich, Außenstelle Warnemünde) sowie der maritimen Repräsentanz des Pro-jektträgers Jülich in Rostock gedacht werden könnte. Eine dritte Variante wäre ein ‚Haus der Wissenschaft' mit einem entsprechenden Schaufenster sowie mit Studien-, Lern- und Arbeitsräumen. In diesem Kontext würde auch ein ‚Lab' für Wechselausstellungen aus den Sammlungen der Universität passen.

Es versteht sich von selbst, dass die Wirksamkeit dieses kleinen Gebäudes nur in der Qualität der Synergieeffekte liegen kann, die mit ihm innerhalb der Universität und innerhalb der Wissenschaftslandschaft entwickelt werden sowie zwischen Universität und Stadt, Universität und Wirtschaft und auch mit Unter-stützung des Landes und des Landesmarketing.

Zugleich bietet der mehrjährige Entstehungsprozess dieses ‚Hauses der Wissenschaft' einen vorzüglichen Ansatzpunkt für die Gestaltung des Weges zum Doppeljubiläum. Dabei kann die Planungsidee einer ‚Baustelle am Hafen der Wissenschaften' wegweisend sein.

Die Idee der ‚Baustelle' ging von der Wiedereröffnung des Universitäts-hauptgebäudes aus, die symbolisch mit einem Festakt am 12. November 2013 (6 vor 600) und realiter zum Beginn des Sommersemesters 2014 erfolgt ist. Die Wiedereröffnung wurde als *kairos* für die Gründung einer ‚Baustelle' im Sinne von *construction site* mit Signalwirkung und *work in progress* begriffen und mit der Lancierung einer Kampagne zur Bildung einer Koalition aus Partnern in Wissenschaft, Kultur und Wirtschaft zusammengedacht. In der gemeinsamen Nutzung als repräsentativer Plattform, Info-Point, Empfangs- und Begegnungs-raum, Ausstellungs- und Veranstaltungsort sowie Labor für die Entwicklung dis-kursiver Ausstellungs- und Veranstaltungsformate sollte die ‚Baustelle' ihre Be-stimmung finden.

Die ‚Baustelle‘ steht für ein Verständnis des Universitätsjubiläums, das weit über ein öffentlichkeits- und medienwirksames Event hinausgeht, für ein Verständnis des Jubiläums als Schrittmacher nachhaltiger Entwicklung im Aufbau neuer Strukturen, neuer Kommunikations- und Kooperationsformen. Sie verfolgt das Ziel, als Mobilisierungsangebot für eine Vielzahl von Akteuren in Wissenschaft, Kultur, Bildung und Wirtschaft zu wirken (von der Universität und Hansestadt Rostock über die Leibniz- und Fraunhofer-Institute, das Max-Planck-Institut für Demographie, Helmholtz-Aktivitäten, die Hochschule für Musik und Theater, die Kunsthalle etc. bis hin zu Unternehmen).

Auch unabhängig von dem Veranstaltungs- und Ausstellungsprogramm der Partner begreift sich die ‚Baustelle‘ als ein Ort der Begegnung und des Austauschs in der Stadt, der die Innenstadt erheblich beleben und dadurch bereichern könnte.

‚Rostock – Hafen der Wissenschaften‘ – Von einer Metapher zur virtuellen und physischen Präsenz

‚Rostock – ‚Hafen der Wissenschaften‘, das ist zunächst eine schöne Metapher, der Hafen der Wissenschaften als das „Tor zur Welt“, das von der Einfuhr und Ausfuhr wissenschaftlicher Erkenntnisse bzw. vom regen Austausch der Ideen und Kulturen lebt und diesen Schutz bietet. Aber könnte es nicht mehr als ‚nur‘ eine Metapher sein? Vielleicht das Bild eines Zukunftslabors mit einer wachsenden virtuellen Präsenz in Form eines Portals des Wissenschaftsstandorts? Vielleicht sogar auch mit einer physischen Präsenz, in der sich der Spirit des Doppeljubiläums und seiner Akteure kristallisiert und das Bündnis von Wissenschaft und Wirtschaft erneut eine wirkmächtige Gestalt annimmt, die auch den nachfolgenden Generationen sowohl Denk- als auch Handlungsspielräume öffnet?

Das Jubiläum als Bewegungsform des Denkens und der Wahrnehmung

Wir haben gemeinsam eine große Chance. Wir können viel in Bewegung setzen. Zuerst unser eigenes Denken und unsere Wahrnehmung und dann hoffentlich auch unseren Erfahrungshorizont.

Fürstliche Repräsentation im Doppelpack
Orden auf Münzen

VON TORSTEN FRIED

Höfische Ritterorden stellten von Fürsten geschaffene Standesvertretungen dar, in denen sich die Mitglieder einer Satzung mit genau definierten Rechten und Pflichten unterwarfen.[1] Die Exklusivität dieser Gemeinschaften sicherte jedem

---

[1] Vgl. allgemein HEYDENREICH, Bernhard: Ritterorden und Rittergesellschaften. Ihre Entwicklung vom späten Mittelalter bis zur Neuzeit, Diss. Würzburg 1960; KRUSE, Holger, PARAVINICI, Werner, RANFT, Andreas (Hrsg.): Ritterorden und Adelsgesellschaften im spätmittelalterlichen Deutschland. Ein systematisches Verzeichnis (Kieler Werkstücke, Reihe: Reihe D: Beiträge zur europäischen Geschichte des Mittelalters 1), Frankfurt am Main u. a. 1991; dazu ergänzend: PETERSOHN, Jürgen: Eine übersehene fürstliche Adelsbruderschaft des späten Mittelalters – Die pommersche *Fraternitas illustrium et nobilium ad honorem Annunciacionis beate Marie* in Buckow (1473) bzw. Stettin (1491), in: AUFGEBAUER, Peter, HEUVEL, Christine van den (Hrsg.) unter Mitarbeit von Brage BEI DER WIEDEN, Sabine GRAF und Gerhard STREICH: Herrschaftspraxis und soziale Ordnung. Ernst Schubert zum Gedenken (Veröffentlichungen der Historischen Kommission für Niedersachsen und Bremen 232), Hannover 2006, S. 391–403; speziell zu den Ordenszeichen und zur Ordenskunde vgl. MĚŘIČKA, Václav: Faleristik. Ein Buch über Ordenskunde, Prag 1976; MERTA, Klaus-Peter: Auszeichnungen im Museum. Aus der Geschichte einer Sammlung (Magazin. Mitteilungen des Deutschen Historischen Museums 13), Berlin 1995; FUHRMANN, Horst: Pour le Mérite. Über die Sichtbarmachung von Verdiensten. Eine historische Besinnung, Sigmaringen ²1996; HERFURTH, Dietrich: Der Informationsgehalt von Orden und Ehrenzeichen. Ihr Nutzen in musealen Ausstellungen, Diss. Humboldt-Universität Berlin 1991, ergänzt durch eine Geschichte der Orden und Ehrenzeichen im Überblick und eine Nachbetrachtung aus der Sicht des Jahres 2003; DERS.: Orden und Ehrenzeichen, in: BECK, Friedrich, HENNING, Eckart (Hrsg.): Die archivalischen Quellen. Mit einer Einführung in die Historischen Hilfswissenschaften, 5., erweiterte und aktualisierte Auflage, Köln/Weimar/Wien 2012, S. 366–377; HENNING, Eckart: Phaleristik als Lehrfach, in: DERS.: Auxilia Historica. Beiträge zu den Historischen Hilfswissenschaften und ihren Wechselbeziehungen, 2., stark erweiterte Auflage, Köln/Wien/Weimar 2004, S. 441–452 (zuerst erschienen in: Der Herold. Vierteljahrsschrift für Heraldik, Genealogie und verwandte Wissenschaften, Neue Folge 16 [2004], S. 345–354); DERS., HERFURTH, Dietrich: Orden und Ehrenzeichen. Handbuch der Phaleristik, Köln/Weimar/Wien 2010; SCHARFENBERG, Gerd, THIEDE, Günter: Lexikon der Ordenskunde. Von Adlerschild bis Zitronenorden, Regenstauf 2010; Bibliographie zur deutschen Phaleristik. Übersicht über das gesamte Schrifttum zu deutschen Orden und Ehrenzeichen bis 31.12.2007, bearb. von Jörg NIMMERGUT unter Mitarbeit von Heiko von der HEYDE, Anke NIMMERGUT und

Einzelnen eine exponierte Stellung, auch und gerade gegenüber den fürstlichen Standesgenossen. Außerdem wurde das Feld der Außenpolitik berührt, da Orden als Instrumente der Diplomatie, als „Vertragswerke und Pakte" fungierten.[2] Mit einer solchen Mitgliedschaft war ein enormer Prestigegewinn verbunden. Dabei kam es in erster Linie darauf an, die Ordenszugehörigkeit durch entsprechende Zeichen zu visualisieren. Genauso wie weltliche Orden und ihre äußeren Kennzeichen dienten aber auch Münzen als Mittel der Herrschaftsrepräsentation.[3] Im

Gerd SCHARFENBERG, mit einem Geleitwort von Eckart HENNING, Regenstauf 2010; zur Orientierung sei auch verwiesen auf die kurzen Abrisse von METZBACHER, F.: in: Handwörterbuch zur deutschen Rechtsgeschichte, 3, Berlin 1984, S. 1264–1278, und von WALTHER, Gerrit, in: Enzyklopädie der Neuzeit 9, Stuttgart/Weimar 2009, Sp. 462–468. Kritisch gegenüber der Phaleristik WINKLE, Ralph: Der Dank des Vaterlandes. Eine Symbolgeschichte des Eisernen Kreuzes 1914 bis 1936, Essen 2007, S. 17–19. Für Münzsammler legte unlängst Caspar einen skizzenartigen Überblick vor: CASPAR, Helmut: Adler und Hosenband auf Talern und Dukaten, in: Geldgeschichtliche Nachrichten 45 (2010), S. 19–24.

[2] Vgl. KALFF, Friedrich Johannes: Funktion und Bedeutung des Ordens vom Goldenen Vlies in Spanien vom 16. bis zum 20. Jahrhundert. Ein Beitrag zur allgemeinen Ordensgeschichte, Diss. Bonn 1963, S. 15; vgl. dazu ergänzend WEBER, Annemarie: Der österreichische Orden vom Goldenen Vließ. Geschichte und Probleme, Diss. Bonn 1971, S. 154–172. – Für das Spätmittelalter liefert Paravicini ein besonders aussagekräftiges Beispiel: PARAVICINI, Werner: Bericht und Dokument. Leo von Rožmitál unterwegs zu den Höfen Europas (1465–1466), in: Archiv für Kulturgeschichte 92 (2010), S. 253–307, hier S. 273–278.

[3] Zum Begriff der Repräsentation vgl. PODLECH, Adalbert: Repräsentation, in: BRUNNER, Otto, CONZE, Werner, KOSELLECK, Reinhart (Hrsg.): Geschichtliche Grundbegriffe. Historisches Lexikon zur politisch-sozialen Sprache in Deutschland 5, Stuttgart 1984, S. 509–547; HOFMANN, Hasso: Repräsentation. Studien zur Wort- und Begriffsgeschichte von der Antike bis zum 19. Jahrhundert (Schriften zur Verfassungsgeschichte 22), 4. Auflage mit einer neuen Einleitung, Berlin 2003; CARL, Horst: Repräsentation, 1. Allgemein, in: Enzyklopädie der Neuzeit 11, Stuttgart/Weimar 2010, Sp. 62–65; STOLLBERG-RILINGER, Barbara: Repräsentation, 2. Politische Aspekte, in: ebd., Sp. 65–73; sehr instruktiv ferner PARAVICINI, Werner: Interesse am Adel. Eine Einleitung, in: OEXLE, Otto Gerhard, PARAVICINI Werner (Hrsg.): Nobilitas. Funktion und Repräsentation des Adels in Alteuropa (Veröffentlichungen des Max-Planck-Instituts für Geschichte 133), Göttingen 1997, S. 9–25, wieder abgedruckt in: DERS.: Noblesse. Studien zum adeligen Leben im spätmittelalterlichen Europa, hrsg. von Ulrich Christian EWERT, Andreas RANFT und Stephan SELZER, Ostfildern 2012, S. 3–16; PARAVICINI, Werner: Schlichtheit und Pracht. Über König Ludwig IX. von Frankreich und Herzog Karl den Kühnen von Burgund, in: NOLTE, Cordula, SPIEß, Karl-Heinz, WERLICH, Ralf-Gunnar (Hrsg.): Principes. Dynastien und Höfe im späten Mittelalter (Residenzenforschung 14), Stuttgart 2002, S. 63–86; OEXLE, Otto Gerhard: Soziale Gruppen in der Ständegesellschaft: Lebensformen des Mittelalters und ihre historischen Wirkungen, in: DERS., HÜLSEN-ESCH, Andrea (Hrsg.): Die Repräsentation der Gruppen. Texte – Bilder – Objekte (Veröffentlichungen

Folgenden soll es nun darum gehen, das Auftreten von Ordenszeichen auf Münzen zu erfassen und zu deuten, die von mecklenburgischen Herzögen geprägt wurden. Hierbei wird der Schwerpunkt auf Christian I. Louis von Mecklenburg-Schwerin (1658–1692) und auf Herzog Adolf Friedrich IV. von Mecklenburg-Strelitz (1752–1794) gelegt.

Auf Herzog Christian I. (später mit dem Beinamen Louis) von Mecklenburg-Schwerin muss der französische König Ludwig XIV. (1643–1715) eine nicht geringe Faszination ausgeübt haben, die sicher vordergründig dessen Herrschafts- und Lebensstil betraf. Seine Orientierung nach Frankreich ist aber ebenso als Ausdruck realpolitischer Gegebenheiten zu verstehen. Immerhin waren alle Versuche des Herzogs gescheitert, sich sowohl in seinen innen- als auch außenpolitischen Zielsetzungen der Unterstützung des Kaisers zu versichern.[4] Um das angestrebte

---

des Max-Planck-Instituts für Geschichte 141), Göttingen 1998, S. 9–44, besonders, S. 33f.; SPIEß, Karl-Heinz: Liturgische Memoria und die Herrschaftsrepräsentation im nichtfürstlichen Hochadel des Spätmittelalters, in: RÖSENER, Werner (Hrsg.): Adelige und bürgerliche Erinnerungskultur des Spätmittelalters und der Frühen Neuzeit (Formen der Erinnerung 8), Göttingen 2000, S. 97–123; SPIEß, Karl-Heinz: Zu den Formen fürstlicher Herrschaftsrepräsentation im Spätmittelalter. Ein Kommentar zum Beitrag von Michael A. Bojcov, in: Majestas 5 (1997), S. 67–77; STOLLBERG-RILINGER, Barbara: Herstellung und Darstellung politischer Einheit: Instrumentelle und symbolische Dimensionen politischer Repräsentation im 18. Jahrhundert, in: ANDRES, Jan, GEISTHÖVEL Alexa, SCHWENGELBECK, Matthias (Hrsg.): Die Sinnlichkeit der Macht. Herrschaft und Repräsentation seit der Frühen Neuzeit (Historische Politikforschung 5), Franfurt/New York 2005, S. 73–92; vgl. außerdem den Abschnitt B: „Repräsentation und Legitimation" im Band: PARAVICINI, Werner (Hrsg.): Höfe und Residenzen im spätmittelalterlichen Reich. Bilder und Begriffe, Teilband 1: Begriffe, bearb. von Jan HIRSCHBIEGEL und Jörg WETTLAUFER (Residenzenforschung 15, 2), Ostfildern 2005, S. 263–479; aus literaturwissenschaftlichem Blickwinkel der Sammelband: RAGOTZKY, Hedda, WENZEL, Horst (Hrsg.): Höfische Repräsentation. Das Zeremoniell und die Zeichen, Tübingen 1990. Auch in der Anthropologie und Verhaltensforschung findet die Repräsentation zunehmend Beachtung: UHL, Matthias, VOLAND, Eckart: Angeber haben mehr vom Leben, Heidelberg/Berlin 2002.

[4] Zum Verhältnis von Herzog Christian I. Louis und König Ludwig XIV. vgl. JOOST, Sebastian: Auf neuen Pfaden – die auswärtige Politik der Herzöge Christian I. Louis und Gustav Adolf, in: Mecklenburgische Jahrbücher 123 (2008), S. 105–122; DERS.: Zwischen Hoffnung und Ohnmacht. Auswärtige Politik als Mittel zur Durchsetzung landesherrlicher Macht in Mecklenburg (1648 – 1695) (Rostocker Schriften zur Regionalgeschichte 2), Berlin/Münster 2009; zur Politik des Mecklenburgers gegenüber dem Reich vgl. HOFER, Ewald: Die Beziehungen Mecklenburgs zu Kaiser und Reich (1620–1683) (Wissenschaftliche Beiträge zur Geschichte und Landeskunde Ost-Mitteleuropas 22), Marburg/Lahn 1956. Vgl. allgemein zu Herzog Christian I. Louis: STUTH, Steffen: Höfe und Residenzen. Untersuchungen zu den Höfen der Herzöge von Mecklenburg im 16. und 17. Jahrhundert (Quellen und Studien aus den Landesarchiven Mecklenburg-Vorpommerns 4), Bremen 2001, S. 207–212 (speziell zu seinem Hofwesen S. 213–

Bündnis umsetzen zu können, wurde auch die Religion bemüht. Aus dem protestantischen Mecklenburg kommend, konvertierte der Herzog im September 1663 zum katholischen Glauben.[5] Ein solcher Schritt beförderte wiederum seine Aufnahme in die bedeutendsten französischen Orden, obwohl für ihn als Ausländer eine solche Voraussetzung zumindest beim Orden vom Heiligen Michael, nicht zwingend notwendig war.[6] Am 4. November investierte König Ludwig XIV. den mecklenburgischen Herzog in den Orden vom Heiligen Geist; tags zuvor war seine Aufnahme in den Michaelsorden erfolgt.[7] In freudiger Erwartung dieser Feierlichkeiten hatte er seinen Räten bereits am 2. November mitgeteilt:

---

229); JOOST, Sebastian: Herzog Christian I. Louis, Herzog von Mecklenburg-Schwerin, in: RÖPCKE, Andreas (Hrsg.): Biographisches Lexikon für Mecklenburg, unter Mitwirkung von Nils JÖRN, Wolf KARGE, Ernst MÜNCH und Peter-Joachim RAKOW (Veröffentlichungen der Historischen Kommission für Mecklenburg Reihe A, 5), Rostock 2009, S. 104–110.

[5] Vgl. JOOST, Hoffnung und Ohnmacht (wie Anm. 4), S. 75–82. Zu fürstlichen Konversionen vgl. allgemein: NIEWÖHNER, Friedrich, RÄDLE, Fidel (Hrsg.): Konversionen im Mittelalter und in der Frühneuzeit (Hildesheimer Forschungen 1), Hildesheim/Zürich/New York 1999; DUCH-HARDT, Heinz, MAY, Gerhard (Hrsg.): Union – Konversion – Toleranz. Dimensionen der Annäherung zwischen den christlichen Konfessionen im 17. und 18. Jahrhundert (Veröffentlichungen des Instituts für Europäische Geschichte Mainz, Beiheft 50), Mainz 2000; LOZAR, Angelika, SCHASER, Angelika: Die Rückkehr zum „wahren Glauben". Konversionen im 17. Jahrhundert, in: Frühneuzeit-Info 13 (2003), S. 65–74; LOTZ-HEUMANN, Ute, MIßFELDER, Jan-Friedrich, POH-LIG, Matthias (Hrsg.): Konversion und Konfession in der Frühen Neuzeit (Schriften des Vereins für Reformationsgeschichte 205), Gütersloh 2007. Neuerdings wird herausgestellt, dass die konfessionellen Grenzen nicht ein für allemal gezogen und stabil waren; vgl. den Band: PIETSCH, Andreas, STOLLBERG-RILINGER, Barbara (Hrsg.): Konfessionelle Ambiguität. Uneindeutigkeit und Verstellung als religiöse Praxis in der Frühen Neuzeit (Schriften des Vereins für Reformationsgeschichte 214), Gütersloh 2013.

[6] Ein Beispiel: Als Protestant erhielt 1575 der schwedische König Johann III. (1569–1592) die Mitgliedschaft – ein Zeichen für den politischen Charakter des Ordens; vgl. VETTER, Peter: Der französische Ritterorden vom Heiligen Michael (1469 – 1830), Diss. Bonn 1979, S. 83 und 181f.; dort im Verzeichnis der Ordensritter Herzog Christian I. Louis nicht enthalten, da Ausländer und fremde Souveräne mitunter nicht zu den Mitgliedern gerechnet wurden. Als Randnotiz: Zum Ritter wurde auch Hyacinthe Rigauds ernannt, aber nicht durch denjenigen, den er auf so unnachahmliche Weise porträtiert hatte, sondern erst durch dessen Nachfolger König Ludwig XV. (1715–1774) im Jahr 1727; ebd., S. 243.

[7] Vgl. WAGNER, Richard: Studien zur Geschichte des Herzogs Christian (Louis) (1658–1692), 2: Bündnis mit Frankreich und zweite Ehe, in: Mecklenburgische Jahrbücher 74 (1909), S. 1–70, hier S. 35f., dort die beiden folgenden Zitate; TESKE, Carl: Die Wappen des Großherzoglichen Hauses Mecklenburg in geschichtlicher Entwicklung, Güstrow 1893, S. 75. Zu den beiden französischen Orden vgl. insgesamt die Artikel „Cordon bleu" (François BLUCHE), „Saint-

Und darbei wird's gewiß nicht bleiben. Es wird allen Benachbarten verwundern und Mich bei ihnen mehr considerable mache, geschweige was Güstrow (mit Gustav Adolf, seinem Cousin und Herzog von Mecklenburg-Güstrow, stand er auf Kriegsfuss – T. F.) *und Wolfenbüttel dazu sagen werden.* Ebenso erwartete er dadurch *mehr gütige Bezeigung, Affektion, Allianz und Conföderation.*

Seine Wahl zum Ordensritter brachte Christian Louis einen immensen Zuwachs an symbolischem Kapital, das umso mehr Gewinn abwarf, je stärker die öffentliche Wahrnehmung abgesichert war. Auf seinen danach geprägten Gold- und Großsilbermünzen ist nun selbstredend der gekrönte mecklenburgische Wappenschild von den Insignien der beiden Orden umgeben (Abb. 1).[8]

Esprit (Ordre du)" (Hervé PINOTEAU), „Saint-Esprit (Liste des chevaliers du)" (Frédéric D'AGAY) und „Saint-Michel (Ordre de)" (Hervé PINOTEAU), in: BLUCHE, François (Hrsg.): Dictionnaire du Grand Siècle, nouvelle édition revue et corrigée, Paris 2005, S. 408, 1384, 1384–1388 und 1395 (die Mitgliedschaft von Christian Louis im Ordre de Saint-Esprit, ebd., S. 1387); grundlegend jetzt auch: WREDE, Martin: Ohne Furcht und Tadel – Für König und Vaterland. Frühneuzeitlicher Hochadel zwischen Familienehre, Ritterideal und Fürstendienst (Beihefte der Francia 75), Ostfildern 2012, besonders S. 231–315. – Bevor Christian I. in einen französischen Orden aufgenommen wurde, gab es bereits mit Herzog Heinrich (1503–1552) einen anderen mecklenburgischen Fürsten, dem eine solche Mitgliedschaft 1519 in einem Bündnisvertrag zumindest in Aussicht gestellt worden war. Hintergrund war die Kandidatur des französischen Königs Franz I. (1515–1547) für die deutsche Königskrone und dessen Bemühungen um Bündnispartner. Der Vertrag ist abgedruckt in: LISCH, Georg Christian Friedrich (Hrsg.): Urkunden-Sammlung zur Geschichte des Geschlechts von Maltzan, 5, Schwerin 1853, S. 31–36 Nr. 900; vgl. dazu AUGE, Oliver: Handlungsspielräume fürstlicher Politik im Mittelalter. Der südliche Ostseeraum von der Mitte des 12. Jahrhunderts bis in die frühe Reformationszeit (Mittelalter-Forschungen 28), Ostfildern 2009, S. 289f., sowie ergänzend SELLMER, Lutz: Albrecht VII. von Mecklenburg und die Grafenfehde (1534–1536) (Kieler Werkstücke, Reihe A: Beiträge zur schleswig-holsteinischen und skandinavischen Geschichte 22), Frankfurt am Main u. a. 1999, S. 53.

[8] KUNZEL, Michael: Das Münzwesen Mecklenburgs von 1492 bis 1872. Münzgeschichte und Geprägekatalog (Berliner Numismatische Forschungen, Neue Folge 2), Berlin 1994, S. 369ff. Nr. 225ff., S. 461 Nr. 635ff.

Abb. 1: Herzog Christian I. Louis von Mecklenburg-Schwerin, Taler 1670, Ø 45 mm

Mit einem genau so gestalteten Wappen versah Pierre Lombard (um 1613–1682) seinen den Herzog zeigenden Kupferstich von 1670 (Abb. 2).[9] Trägt hier der Dargestellte selbst keine Ordensinsignien, so gibt es ein gemaltes Porträt von Charles Beaubrun (1604–1692), auf dem sich das abgebildete Kleinod problemlos als das des Ordre du Saint-Esprit identifizieren lässt (Abb. 3).[10] Ein zum Verwechseln ähnlich komponiertes Gemälde von Claude Lefèvre (1632–1674) zeigt den Sonnenkönig – auf seinem Harnisch in exakt gleicher Ansicht der Orden.[11] Fand das neue Wappen über das Münzbild sicher weite Verbreitung,

---

[9] Staatliches Museum Schwerin, Kupferstichkabinett, Inv.-Nr. 18250 Gr.

[10] Staatliches Museum Schwerin, Abteilung Gemälde/Plastik, Inv.-Nr. G 279.

[11] MILOVANOVIC, Nicolas, MARAL, Alexandre (Hrsg.): Louis XIV, l'homme & le roi, Katalog der gleichnamigen Ausstellung im Schloss Versailles vom 19. Oktober 2009 bis 7. Februar 2010, Paris 2009, S. 395 Nr. 69, Abb. S. 199.

Abb. 2: Pierre Lombard, Bildnis des Herzogs Christian I. Louis
von Mecklenburg-Schwerin, 1670, Kupferstich, 38 x 30 cm
(man achte auf den Orden vom Heiligen Geist und den Michaelsorden)

Abb. 3: Charles Beaubrun, Bildnis des Herzogs Christian I. Louis von Mecklenburg-Schwerin, Öl auf Leinwand, 119 x 95 cm (man achte auf den Orden vom Heiligen Geist)

werden dagegen nur wenige zur Kenntnis genommen haben, dass Christian Louis auch seine Intitulatio durch den Zusatz „Ritter der Orden des allerchristlichsten Königs" ergänzte und entsprechende Siegeländerungen vornahm.[12] Ähnlich wird es bei seinen Waffen gewesen sein, die er mit dem neu dekorierten Wappen kennzeichnen ließ – und dennoch verzichtete er nicht darauf. Hierzu zählt eine doppelläufige Pistole des französischen Büchsenmachers Bertrand Piraube (tätig um 1686–1705), der zu den bedeutendsten Meistern seines Faches gehörte. Seine Arbeiten versah er mit der Signatur PIRAUBE AVX GALERIES A PARIS, da er als königlicher Hofbüchsenmacher im Louvre ein eigenes Atelier besaß.[13] Noch heute eindrucksvoll und im Thronsaal des Schweriner Schlosses zu bewundern, ist eine Tapisserie in der Größe von ca. 2,30 x 2,30 m, die der Mecklenburger in Auftrag gab und die sein Wappen mit den französischen Orden zur Schau stellt.[14]

Auf jeden Fall wird deutlich, wie sehr Christian Louis daran gelegen war, aus diesen Ordensmitgliedschaften den größtmöglichen Prestigegewinn zu ziehen. Eine kursorische Inaugenscheinnahme der fürstlichen Münzen im Heiligen Römischen Reich offenbart, dass Herzog Christian Louis durchaus innovativ vorgegangen ist. Bis dato findet sich auf Münzen eigentlich nur der Orden vom Goldenen Vlies, ob nun bei Geprägen Albrecht von Wallensteins (1583–1634)[15] oder – ein anderes zeitgleiches Beispiel – Pfalzgraf Wolfgang Wilhelms, Herzog

---

[12] BOLL, Ernst: Geschichte Meklenburgs mit besonderer Berücksichtigung der Culturgeschichte 2, Neubrandenburg 1856, Reprint 1995, S. 178; SCHÜTT, Hans-Heinz: Das Mecklenburger Fürstenwappen von 1668. Erläuterungen zu Entstehung, Inhalt und Geschichte des Fürstenwappens (Findbücher, Inventare und kleine Schriften des Landeshauptarchivs Schwerin 2), Schwerin 1997, S. 27.

[13] Staatliches Museum Schwerin, Kunsthandwerk, Inv.-Nr. KJ 2010; zu Bertrand Piraube vgl. WEINHOLD, Ulrike: Steinschlossfeuerwaffen des französischen Hofbüchsenmachers Bertrand Piraube in der Dresdner Rüstkammer, in: Jahrbuch der Staatlichen Kunstsammlungen Dresden 28 (2000), S. 17–32; QUAAS, Gerhard (Hrsg.): Hofjagd. Aus den Sammlungen des Deutschen Historischen Museums, Berlin 2002, S. 61 und S. 99 Nr. 93.

[14] Staatliches Museum Schwerin, Kunsthandwerk, Inv.-Nr. KJ 1357.

[15] Vgl. NOHEJLOVÁ-PRÁTOVÁ, Emanuela: Das Münzwesen Albrechts von Wallenstein, Graz 1969. Der Wert ihrer Arbeit beruht nicht zuletzt darauf, dass sie das reichhaltige Archivmaterial des damaligen Staatlichen Zentralarchivs in Prag herangezogen hat. Die im Prager Münzkabinett aufbewahrten Münzen und Medaillen des Friedländers sind jetzt auch detailliert beschrieben in: FUČÍKOVÁ Eliška, ČEPIČKA, Ladislav (Hrsg.): Albrecht von Waldstein. Inter arma silent musae?, Katalog der Ausstellung in Prag vom 15. November 2007 bis 17. Februar 2008, Prag 2007, S. 537–559.

von Neuburg und Jülich-Berg (1614–1653).[16] Der Mecklenburger könnte sich daran orientiert haben, indem er anstatt der Kette mit dem Widderfell die Zeichen der zwei französischen Orden in das Rückseitenbild seiner Münzen integriert hat. Eine Anleihe bei den Münzen seines französischen Vorbilds Ludwigs XIV. scheidet aus, da auf ihnen das gekrönte Wappen bar aller Ordenszeichen erscheint.[17] Eine interessante Parallele zwischen Christian Louis und Wolfgang Wilhelm[18] besteht darin, dass beide zum katholischen Glauben wechselten und ihnen unmittelbar danach die Aufnahme in einer Ordensgemeinschaft gewährt wurde. Diese Situation ließ bei den Konvertiten ein verstärktes Bedürfnis wachsen, ihre Herrschaft zu legitimieren, was sie zu besonderen Anstrengungen antrieb. Münzen konnten dabei äußerst hilfreich sein.

Noch einmal kam Herzog Christian I. Louis im wahrsten Sinne des Wortes mit einem französischen Orden in Berührung, als er am 8. Januar 1670 in

---

[16] Noss, Alfred: Die pfälzischen Münzen des Hauses Wittelsbach, 4: Pfalz-Veldenz. Pfalz-Neuburg. Pfalz-Sulzbach, München 1938, S. 171ff. Nr. 308ff.; Ders.: Die Münzen von Jülich, Kleve, Berg und Mörs, 2: Die Münzen von Berg und Jülich-Berg, München 1929, S. 78ff. Nr. 567ff. Pfalzgraf Wolfgang Wilhelm ließ auf seinen Gold- und Großsilbermünzen den Orden vom Goldenen Vlies nicht nur auf der Rückseite um den Wappenschild legen, sondern auch sein Bildnis auf der Vorderseite ist mit dem entsprechenden Zeichen versehen. Er gehörte dem Orden seit 1615 an (Nr. 330).

[17] Vgl. Gadoury, Victor: Monnaies royales françaises, Louis XIII à Louis XVI 1610 – 1792, cuivre, billon, argent, or, Monte-Carlo ²1986, S. 89–363 Nr. 70–264a; Duplessy, Jean: Les monnaies françaises royales du Hugues Capet à Louis XVI (937–1793), 2 Bde., 2., durchgesehene und erweiterte Auflage, Paris/Maastricht 1999, hier 2, S. 236–301 Nr. 1416–1624.

[18] Vgl. Mader, Eric-Oliver: Die Konversion Wolfgang Wilhelms von Pfalz-Neuburg: Zur Rolle von politischem und religiös-theologischem Denken für seinen Übertritt zum Katholizismus, in: Konversion und Konfession, S. 147–169; zu Pfalzgraf Wolfgang Wilhelm vgl. allgemein Fries-Kurze, Barbara: Pfalzgraf Wolfgang Wilhelm von Neuburg (1578–1653), in: Pölnitz, Götz von (Hrsg.): Lebensbilder aus dem Bayerischen Schwaben (Schwäbische Forschungsgemeinschaft bei der Kommission für Bayerische Landesgeschichte, Veröffentlichungen Reihe 3, 8), München 1961, S. 198–227; Der erste Pfalzgraf in Düsseldorf. Wolfgang Wilhelm von Pfalz-Neuburg (1578–1653), Katalog der gleichnamigen Ausstellung im Stadtmuseum Düsseldorf 14. September bis 16. November 1999, Redaktion: Anke Hufschmidt, Düsseldorf 1999, dort (S. 57 Nr. 55f.) auch zwei ovale Gnadenpfennige von 1626, die auf der Vorderseite das ordendekorierte Brustbild von Wolfgang Wilhelm tragen. Die Stücke schuf der berühmte Wachsbossierer und Medailleur Alessandro Abondio (um 1580 – nach 1653); deren Nachweis bei: Stemper, Annelise: Die Medaillen der Pfalzgrafen und Kurfürsten bei Rhein. Pfälzische Geschichte im Spiegel der Medaille, 2: Die Nebenlinien, Worms 1997, S. 780f. Nr. 710f.

einer öffentlichen Versammlung im Regensburger Dom dem französischen Gesandten Robert de Gravel die Insignien des Michaelsordens übergab.[19] Nicht
ohne Selbstzufriedenheit hielt er fest:

*Gleich anitzo komme Ich aus der Kirchen und habe den Gravel zum Ritter
geschlagen. Es ist sehr wohl abgegangen, in presence vieler Kur- und Fürstlichen Gesandten. Es ist ein überaus großer Zulauf von Dames und Cavalir gewesen.*[20]

Ein solcher von König Ludwig XIV. bewusst inszenierter zeremonieller
Akt war als Machtdemonstration gegenüber dem Reichstag als einer der zentralen Einrichtungen des Reiches angelegt, denn immerhin agierte mit dem Mecklenburger ein Reichsfürst stellvertretend für den französischen König bei dieser
Solennität von beachtlicher Wirkmächtigkeit. Selbst nach seinem Tod 1692
wurde das Kapitel „Christian Louis und die französischen Orden" mit einem
Epilog fortgeschrieben. Mit den ihm zuteil gewordenen Mitgliedschaften ver-
band sich schließlich eine solch symbolische Repräsentation von Macht, dass
seine Nachfahren nicht bereit waren, den eigentlichen Gegenstand der Machtvi-
sualisierung – so wie es vorgeschrieben war – wieder an das Ordenskapitel zu-
rückzureichen. In einer Notiz aus dem Jahr 1695 beklagte sich der französische
Botschafter in Hamburg darüber, dass die herzogliche Familie das „collier de
l'ordre", das König Ludwig XIV. dem verstorbenen Herzog verliehen habe,
nicht herausgeben will.[21]

Inwieweit Orden mit Wappen eine Verbindung eingehen, ist nicht zuletzt
eine heraldische Fragestellung. Als sogenannte Prunk- oder Prachtstücke ergän-

---

[19] Vgl. WAGNER, Studien (wie Anm. 7), S. 70. VETTER, Ritterorden (wie Anm. 6), S. 241,
vermerkt: „1667 Robert de Gravel, Sg. (Seigneur) de Marly, Conseilleur du Roi, französischer
Bevollmächtigter in Preussen – nur ernannt, nicht feierlich aufgenommen".

[20] Zitiert nach WAGNER, Richard: Herzog Christian (Louis) I. 1658–1692 (Mecklenburgische
Geschichte in Einzeldarstellungen, Heft 9), Berlin 1906, S. 87.

[21] Archives du Ministère des Affaires étrangères, Correspondance politique Allemagne, Paris,
petites principautés 28, fol. 297. Das Schreiben von Monsieur Bidal an das Staatssekretariat
ist datiert im Dezember (ohne Tag) 1695. Da nur ein Orden genannt wird, könnte es sich um
den Orden vom Heiligen Geist als den Wichtigeren handeln. Beim Michaelsorden war aber
ebenso die Rückgabepflicht der Ordensinsignien vorgeschrieben; vgl. Institution et Statuts de
l'Ordre de Saint Michel, abgedruckt bei VETTER, Ritterorden (wie Anm. 6), S. 264–293, hier
S. 283 (Art. 42). Vgl. insgesamt den diesbezüglichen Aktenbestand im Landeshauptarchiv
Schwerin (LHAS), 1.1-9 Ordensverleihungen, Nr. 17.

zen sie das Vollwappen; sind also Beigaben, die von außen in die Heraldik kommen und grundsätzlich entbehrlich sind.[22] Was die Präsenz von Orden auf (Wappen tragenden) Münzen angeht, nur so viel: Feste Regeln lassen sich zumindest bis weit in das 18. Jahrhundert nicht ablesen. Ordenszeichen wurden den Wappen hinzugefügt oder auch nicht. Carl Teske, der im offiziellen Auftrag des Mecklenburg-Schweriner Großherzogs Friedrich Franz III. (1883–1897) die Wappen des Hauses Mecklenburg beschrieb, widmete den Orden gerade einmal 20 Zeilen.[23] Sein Kommentar: Es war vielfach (!) gebräuchlich, *denjenigen fremdherrlichen Orden, deren Inhaber die betreffenden Fürsten waren, den Wappen derselben hinzuzufügen.* Dass keine zwingende Notwendigkeit bestand, lässt sich mit Hilfe einer simplen Vorgehensweise veranschaulichen: zuerst ein Blick in die Verleihungsliste eines Ordens und dann ein zweiter auf die Münzen des jeweiligen Fürsten. In Ermangelung eines aussagekräftigen Beispiels aus Mecklenburg sei auf einen „Nachbarn" verwiesen, der sich zudem mit Münzen bestens auskannte: Herzog Anton Ulrich von Braunschweig-Lüneburg (1704–1714). Schon auf seiner ersten Kavalierstour 1655 schrieb er aus Straßburg, dass er angefangen habe, Münzen zu sammeln.[24] Im Jahr 1700 zählte man seine Sammlung in Wolfenbüttel zu den berühmtesten Münzkabinetten Europas. Der

---

[22] Vgl. zum Beispiel SCHEIBELREITER, Georg: Heraldik (Oldenbourg Historische Hilfswissenschaften), Wien/München ²2010, S. 112–115.

[23] TESKE, Wappen (wie Anm. 7), S. 75. Hier noch ein Hinweis zum Werk von Teske: Bemerkenswert ist die sehr ausführliche Besprechung von CRULL, Friedrich, in: Mecklenburgische Jahrbücher 59 (1894), S. 315–338.

[24] Vgl. LESCHHORN, Wolfgang: Die Münzsammlung des Herzog Anton Ulrich-Museums. Ursprünge und Bestand bis zum Jahre 1806, in: 250 Jahre Museum. Von den fürstlichen Sammlungen zum Museum der Aufklärung, Herzog Anton Ulrich-Museum/Kunstmuseum des Landes Niedersachsen, Katalog der gleichnamigen Ausstellung in der Burg Dankwarderode, Braunschweig, 29. April bis 22. August 2004, München 2004, S. 47–60, hier S. 49; zu Herzog Anton Ulrich vgl. MAZINGUE, Etienne: Anton Ulrich, duc de Braunschweig-Wolfenbüttel (1633–1714), un prince romancier au XVIIème siècle (Berner Beiträge zur Barockgermanistik 2), 2 Bde., Bern/Frankfurt am Main/Las Vegas 1978; im Hinblick auf seine Rolle als Kunstsammler vgl. vor allem die Beiträge von Regine MARTH und Koenraad JONCKHERE in: LUCKARDT, Jochen (Hrsg.): Das Herzog Anton Ulrich-Museum und seine Sammlungen 1578. 1754. 2004, München 2004.

Herzog wurde zwar am 9. Januar 1693 in den dänischen Elefantenorden aufgenommen (Nr. 151),[25] sein fünffach behelmtes 14feldiges Wappen auf den Rück-
seiten seiner Münzen ist jedoch ohne entsprechende Ordenszeichen geblieben.[26]
Gleichwohl prangt seine Devise als Ritter dieses Ordens, nämlich „Constanter",
auf verschiedenen von ihm verausgabten Talern.[27] Inwieweit Anton Ulrich die
am 1. Dezember 1693 neu erlassenen Statuten des Elefantenordens kannte, sei
dahingestellt. Nach Paragraph 7 musste jeder Ordensbruder, solange er lebte, das
Ordenszeichen in seinem Wappen führen, damit jeder wisse, dass er Mitglied
dieses Ordens sei.[28] Zumindest bei Wappendarstellungen auf Münzen ist diese
Verpflichtung wohl nicht mit dem erforderlichen Nachdruck umgesetzt worden
– selbst dänische Könige als die Ordenssouveräne legten mitunter keinen Wert
darauf.[29] Vergegenwärtigung von Herrschaft funktionierte nun einmal nicht
ohne den Fürsten; er entschied darüber, welche Möglichkeiten genutzt wurden.
Ordenszeichen konnten hinzugefügt oder weggelassen werden. Über die in Or-
densstatuten festgelegten Normen setzte man sich dabei ohne zu Zögern hinweg:

---

[25] BERLIEN, Johann Heinrich Friedrich: Der Elephanten-Orden und seine Ritter, eine historische Abhandlung über die ersten Spuren dieses Ordens und dessen fernere Entwicklung bis
zu seiner gegenwärtigen Gestalt, und nächstdem ein Material zur Personalhistorie, nach den
Quellen des Königlichen Geheimen-Staatsarchivs und des Königlichen Ordenscapitels-Ar-
chivs zu Kopenhagen, Kopenhagen 1846, S. 78; PEDERSEN, Jørgen: Riddere af Elefantordenen
1559 – 2009, Odense 2009, S. 77.

[26] WELTER, Gerhard: Die Münzen der Welfen seit Heinrich dem Löwen, Braunschweig 1971,
S. 337ff. Nr. 2288ff.; vgl. RÜGGEBERG, Helmut: Die Wappen auf den Münzen der Welfen, in:
money trend 6 (1974), Heft 2, S. 8–13 und Heft 3, S. 7–13; DERS.: Die welfischen Wappen zwischen 1582 und 1640 als Spiegel der territorialen Veränderungen des Herzogtums Braunschweig-Lüneburg, in: Niedersächsisches Jahrbuch für Landesgeschichte 51 (1979), S. 209–
251.

[27] WELTER, Münzen der Welfen (wie Anm. 26), S. 339 Nr. 2303. Auf Medaillen Anton Ulrichs
erscheinen mitunter seine Devise „Constanter" und/oder sein mit dem Elefantenorden deko-
riertes Bildnis; vgl. das Beispiel bei BROCKMANN, Günther: Die Medaillen der Welfen, 1:
Linie Wolfenbüttel, Köln 1985, S. 178 Nr. 256. Der Amsterdamer Pieter Schenk d. Ä. (1660–
1718) widmete 1705 eine Folge von 100 graphischen Ansichten Roms dem Herzog und stat-
tete das Werk mit einem Dedikationsporträt aus. Dort trägt er die Insignien des Elefantenordens, und im oberen Rund steht „CONSTANTER"; vgl. 250 Jahre Museum (wie Anm. 24),
S. 129 Kat.-Nr. 28.

[28] Vgl. BERLIEN, Elephanten-Orden (wie Anm. 25), S. 36.

[29] Vgl. HEDE, Holger: Danmarks og Norges Mønter 1541 · 1815 · 1917, 3. überarbeitete Auflage, København 1978.

Sei es nun, wie beim Elefantenorden angesprochen, die Führung der Kennzeichen in Wappen oder die Vorgabe, wonach nur eine Ordensmitgliedschaft zugelassen war und bei Aufnahme in einen Orden jede andere Mitgliedschaft aufgegeben werden musste – was dementsprechend zum Ablegen der vormaligen Ordenszeichen führte.[30] All diese Vorschriften erwiesen sich in der Praxis fürstlichen Repräsentationsverhaltens oftmals als blanke Makulatur.

Wenn also Herzog Christian I. Louis von Mecklenburg-Schwerin die Zugehörigkeit zu den französischen Orden auf seinen Münzen kundtat, dann folgte er keinem wie auch immer gearteten Zwang; vielmehr nutzte er geschickt seinen Handlungsspielraum für herrscherliches Repräsentationsverhalten. Gleiches praktizierten mit dem Elefantenorden im 18. Jahrhundert alle seine Münzen emittierenden Nachfolger Friedrich Wilhelm (1692–1713), Christian Ludwig II. (1747–1756), Friedrich (1756–1785) und Friedrich Franz I. (1785–1837).[31] So ließ letzterer am Ende des Jahrhunderts – um genau zu sein 1792 – goldene 2-Taler-Stücke prägen, die auf der Rückseite das mecklenburgische Wappen mit den Insignien des Elefanten- sowie des Schwarzen Adlerordens abbilden (ebenso 1790/91 12-Schillinge).[32] In den dänischen Orden war der Herzog 1775 aufgenommen worden (Nr. 304),[33] in den preußischen 1786 (Nr. 307).[34] Bei sei-

---

[30] Als Beispiel für diese Art Obödienzerklärung sei auf die Statuten des Schwarzen Adlerordens verwiesen: Statuten Des Königlichen Preußischen Ordens Vom Schwartzen Adler, Cölln an der Spree 1701, S. 20f. § 25.

[31] Auf Einzelnachweise wird verzichtet – ein schneller Zugang bei KUNZEL, Mecklenburg (wie Anm. 8).

[32] Ebd., S. 399 Nr. 360 (2-Taler), S. 400 Nr. 370 (12-Schilllinge). Die Ordenszeichen wurden nebeneinander angeordnet, so dass die Gleichrangigkeit der Gemeinschaften sichergestellt war.

[33] LHAS, 1.1-9 Ordensverleihungen, Nr. 16. Berlien, Elephanten-Orden (wie Anm. 25), S. 110; Pedersen, Riddere (wie Anm. 25), S. 166.

[34] LHAS, 1.1-9 Ordensverleihungen, Nr. 22. HENGST, Hermann: Die Ritter des Schwarzen Adlerordens. Biographisches Verzeichnis sämtlicher Ritter des Hohen Ordens vom Schwarzen Adler. Festschrift zur Feier des zweihundertjährigen Bestehens des Hohen Ordens, Berlin 1901, S. 201; HENNING, Eckart: Die Ritter des Königlich Preußischen Hohen Ordens vom Schwarzen Adler 1908 – 1918 (1934). Nebst Nachträgen für die Jahre 1836–1907 und einem Generalregister sämtlicher Ordensritter 1701–1918, in: Herold-Jahrbuch 2 (1973), S. 31–82, hier S. 74; zum Schwarzen Adlerorden vgl. SEIDEL, Paul: Die Gründung des hohen Ordens vom Schwarzen Adler und die Königskrönung am 17. und 18. Januar 1701 in Königsberg in Ostpreußen, in: Hohenzollern-Jahrbuch 4 (1900), S. 127–139; NIMMERGUT, Jörg: Deutsche Orden und Ehrenzeichen bis 1945, 2: Limburg–Reuß, München 1997, S. 755–768; SAUERWALD, Paul,

nen 1797 emittierten 2-Taler-Stücken verzichtete er allerdings auf Ordenszeichen.[35] Genauso verhielt es sich bei 32-Schillingmünzen, die im selben Jahr geprägt wurden.[36] Da diese den in Schwerin in großer Menge gefertigten 2/3-Talern (Gulden) nach Leipziger Fuß in hohem Maße glichen, lehnten die Hamburger Wechsler aus Angst vor betrügerischen Münzspekulationen das neue mecklenburgische Geld ab; die schon ausgelieferten Stücke (16 500) wurde wieder eingeschmolzen. Nur 18 Exemplare entgingen diesem Schicksal, wovon eines in das Schweriner Münzkabinett gelangte.[37] Ein anderes Exemplar erwarb unlängst ein Sammler auf einer Auktion in Hamburg.[38] Weil nun auf jeden Fall 32-Schilling-Stücke ausgegeben werden sollten, musste ein Münzbild gefunden werden, das sich deutlich von dem der Gulden unterschied. Man griff auf ein anderes Herrschaftszeichen zurück, indem das Wappen durch den Elefantenorden (nicht auch der Schwarze Adlerorden) ergänzt wurde. Das Ordenszeichen auf Münzen erhielt somit eine ganz neue Funktion: Es garantiert den Wert der Münze.

Alle übrigen sonst von Friedrich Franz I. verausgabten Münzen blieben auf den Wappenseiten ordenlos (sieht man von zwei Probeprägungen 1830 ab[39]). Noch ein Hinweis zum Herrscherbildnis: Erscheint das Antlitz von Friedrich

SCHUBERSKY, Erast: Die Ketten des preußischen Hohen Ordens vom Schwarzen Adler 1701–1918, Osnabrück 1995; Preußen 1701. Eine europäische Geschichte, Katalog zur gleichnamigen Ausstellung in der Großen Orangerie des Schlosses Charlottenburg, Berlin 6. Mai bis 5. August 2001, hg. vom Deutschen Historischen Museum und der Stiftung Preußische Schlösser und Gärten Berlin-Brandenburg, Berlin 2001, S. 121–128 Nr. VI 3 – VI 15; SAUERWALD, Paul, SCHUBERSKY, Erast: Der Hohe Orden vom Schwarzen Adler. Stiftung und Verleihungen unter Friedrich I. in Preußen 1710 – 1713, in: Preußen 1701. Eine europäische Geschichte, Essays zur gleichnamigen Ausstellung in der Großen Orangerie des Schlosses Charlottenburg, Berlin 6. Mai bis 5. August 2001, hg. vom Deutschen Historischen Museum und der Stiftung Preußische Schlösser und Gärten Berlin-Brandenburg, Berlin 2001, S. 205–210; STRIBNY, Wolfgang: Die Königsberger Krönung 1701. Christentum und Aufklärung, in: BAHNERS, Patrick, ROELLECKE, Gerd (Hrsg.): Preußische Stile. Ein Staat als Kunststück, Stuttgart 2001, S. 90–100, hier S. 93–96.

[35] KUNZEL, Mecklenburg (wie Anm. 8), S. 399 Nr. 361.

[36] Ebd., S. 404 Nr. P 394; zum Folgenden vgl. auch ebd., S. 188f.

[37] Staatliches Museum Schwerin, Münzkabinett, Inv.-Nr. Mü 2055.

[38] Katalog des Auktionshauses Tietjen + Co. in Hamburg, Auktion 109 am 29. Juni 2012, Nr. 861. Dasselbe Stück war schon einmal bei diesem Auktionshaus versteigert und von dem Berliner Sammler K. K. erworben worden: Auktion 26 am 28./29. Juni 1978, Nr. 1379.

[39] KUNZEL, Mecklenburg (wie Anm. 8), S. 404 Nr. P 392f.

Franz auf dem Avers der Gepräge, dann ist es in der Regel der Kopf. Nur die in den Jahren 1825 und 1826 entstandenen 2/3-Taler geben seine Büste wieder; auf dem Uniformrock prangt dann der Bruststern des Schwarzen Adlerordens.[40]

Der Gebrauch von Ordenszeichen auf Münzen war Teil einer gezielten Öffentlichkeitsarbeit, um die fürstliche Imagepflege voranzutreiben. Und das keineswegs zum Selbstzweck – oft standen dahinter handfeste politische Interessen. Wenn also ein ganz bestimmter Orden ausgewählt wurde, um auf Münzen zu erscheinen, folgte man nur allzu oft (außen-)politischer Opportunität.

Bald nach seinem Herrschaftsantritt ließ Herzog Adolf Friedrich IV. von Mecklenburg-Strelitz 5-Talerstücke in zwei Ausführungen prägen.[41] Auf den ersten Blick fällt zwar das unterschiedliche Vorderseitenbild (Kopf mit Zopf nach rechts bzw. geharnischtes Brustbild nach rechts) auf, was aber am Gehalt der visuellen Selbstdarstellung nichts ändert. Dagegen gibt es auf der Rückseite einen substantiellen Unterschied zu vermelden:

Abb. 4: Herzog Adolf Friedrich IV. von Mecklenburg-Strelitz
Silberabschlag des 5-Talerstückes 1754, Ø 23 mm

---

[40] Ebd., S. 399 Nr. 366; vgl. auch ebd., S. 404 Nr. P 395.

[41] KUNZEL, Mecklenburg (wie Anm. 8), S. 446 Nr. 579 (Seraphinenorden), Nr. 580 (Weißer Adlerorden). Alle vier Exemplare des Schweriner Münzkabinetts sind seit dem Zweiten Weltkrieg vermisst; Dokumentation der kriegsbedingt vermißten Kunstwerke des Mecklenburgischen Landesmuseums, 2: Münzen, Medaillen, Orden, Ehrenzeichen, bearb. von Torsten FRIED, Schwerin 1998, S. 58 Nr. 183–186. Von der Ausführung mit dem Seraphinenorden hat sich ein Silberabschlag erhalten; Inv.-Nr. Mü 72.

Bei der einen Ausführung wird der schwedische Seraphinenorden präsentiert (Abb. 4) und bei der anderen der polnische Weiße Adlerorden. Der Herzog nahm den Aufwand in Kauf und ließ zwei unterschiedliche Stempel anfertigen. Er folgte damit nicht seinem Schweriner Anverwandten Christian Ludwig II., dessen 10-Talerstücke von 1752 die Zeichen des russischen und des dänischen Ordens gemeinsam tragen. Vielleicht wollte er sich gerade von ihm absetzen? Zuerst einmal bleibt festzuhalten, dass sich Adolf Friedrich ganz bewusst für zwei unterschiedliche Münzen entschied, um seine Mitgliedschaften in den beiden Ordensgemeinschaften zu vergegenwärtigen. Auf diese Weise gelingt es ihm, die Exklusivität der Orden herauszustellen. Jeder einzelne ist es wert, auf einer Goldmünze zu erscheinen. Oder ist die Deutung doch einfacher als man denkt. Hatte man zuerst nur einen Orden auf die Münze gebracht, war offenkundig geworden, dass er auch über einen weiteren verfügt. Also wurde der Prägehammer gestoppt und ein neues Münzbild musste kreiert werden. Wie dem auch sein, an der Grundaussage ändert sich nichts: Der Strelitzer wollte aus beiden Mitgliedschaften den größtmöglichen Prestigegewinn zu ziehen. Doch warum? Stand er bei seinem Herrschaftsantritt unter besonderem Legitimationsdruck? Die Antwort ist schnell gefunden: Ja! Da er beim Tode seines Onkels Adolf Friedrich III. (1708–1752) noch minderjährig war, lieferten sich die Höfe in Schwerin und Neustrelitz eine erbitterte Auseinandersetzung um die Thronfolge oder besser: um die Macht im Fürstentum.[42] Um bei der Besetzung des Neustrelitzer Schlosses durch den Schweriner Herzog Christian Ludwigs II. nicht in des-

---

[42] Vgl. MÜNSTER, Hans: Der Vormundschaftsstreit zwischen Mecklenburg-Strelitz und Mecklenburg-Schwerin beim Regierungsantritt Adolf Friedrichs IV. 1752–53, in: Mecklenburg-Strelitzer Geschichtsblätter 10/11 (1934/35), S. 1–140. Allgemein zu Adolf Friedrich IV. vgl. jetzt STARSY, Peter: Adolf Friedrich IV., Herzog von Mecklenburg-Strelitz, in: RÖPCKE, Andreas (Hrsg.): Biographisches Lexikon für Mecklenburg, unter Mitwirkung von Nils JÖRN, Wolf KARGE, Bernd KASTEN, Ernst MÜNCH und Peter-Joachim RAKOW (Veröffentlichungen der Historischen Kommission für Mecklenburg Reihe A, 6), Rostock 2011, S. 9–16; vom selben Autor schon früher: Adolf Friedrich IV., Herzog zu Mecklenburg (1738–1794). Gedanken zu seinem 200. Todestag, in: Neubrandenburger Mosaik. Heimatgeschichtliches Jahrbuch des Regionalmuseums Neubrandenburg 18 (1994), S. 28–41. Aus neuerer Zeit stammen außerdem kurze biographische Darstellungen des Herzogs: HOFMANN, Peter: Mecklenburg-Strelitz. Eine Region im Auf und Nieder der Geschichte, Nienburg 2001, S. 76–94; LIPPERT, Rajko: Das Fürstenhaus von Mecklenburg-Strelitz, in: Mecklenburg-Strelitz. Beiträge zur Geschichte einer Region, zusammengestellt und bearb. von Frank ERSTLING, Frank SAß, Eberhard SCHULZE und Harald WITZKE, 2. geänderte Auflage, Friedland 2001, S. 171–191, hier S. 175f.

sen Gewalt zu geraten, flüchtete der junge Adolf Friedrich auf schwedisches Gebiet nach Greifswald.[43] Wenig später vom Kaiser für volljährig erklärt, konnte
er als regierender Herzog nach Neustrelitz zurückkehren.

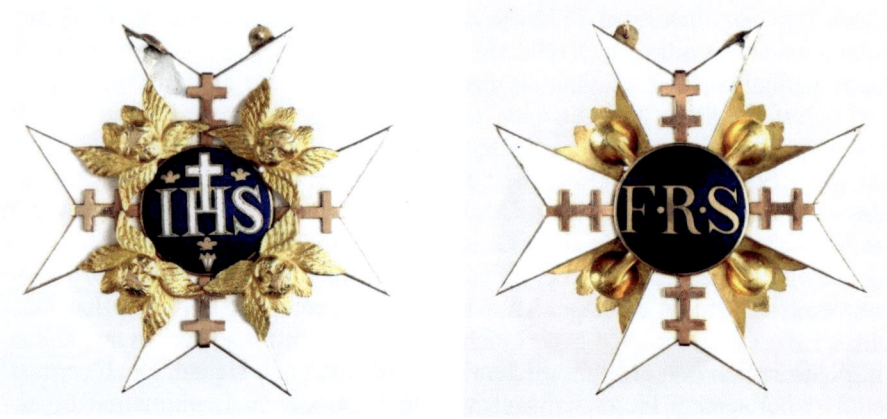

Abb. 5: Seraphinenorden
Exemplar von Herzog Adolf Friedrich IV. von Mecklenburg-Strelitz, 63 x 63 mm

Der zweieinhalb Monate während Aufenthalt in Greifswald brachte ihm
neben der Würde als Rector Magnificentissimus der dortigen Universität die Mitgliedschaft im Seraphinenorden ein. Diese Gemeinschaft war 1748 durch den
schwedischen König Friedrich I. (1720–1751) als Erneuerung eines bereits seit
dem 14. Jahrhundert bestehenden Ordens gestiftet worden. Sein Nachfolger Adolf
Friedrich (1751–1771) nahm als Ordenssouverän den Strelitzer am 26. April 1753
unter der Matrikelnummer 45 auf (Abb. 5).[44] Dem Schweden war daran gelegen,

---

[43] Vgl. ALVERMANN, Dirk: Patronus Musarum. Adolph Friedrich IV. von Mecklenburg-Strelitz in Greifswald, in: Mecklenburgische Jahrbücher 118 (2003), S. 51–69; SCHMIDT, Ro-
derich: Herzog Adolph Friedrich IV. von Mecklenburg-Strelitz (* 1738, † 1794). Rector Magnificentissimus der Universität Greifswald, in: CUNZ, Reiner (Hrsg.): Fundamenta Historiae. Geschichte im Spiegel der Numismatik und ihrer Nachbarwissenschaften. Festschrift für Niklot
Klüßendorf zum 60. Geburtstag am 10. Februar 2004, in Verbindung mit Rainer POLLEY und
Andreas RÖPCKE (Veröffentlichungen der urgeschichtlichen Sammlungen des Landesmuseums
zu Hannover, 51), Hannover 2004, S. 447–453.

[44] NORDENVALL, Per: Kunglia Serafimerorden 1748–1998, Stockholm 1998, S. 122f.

seine Position im Norden des Heiligen Römischen Reiches zu festigen. Ein Verbündeter mehr (wenn auch sicher kein ernstzunehmender Machtfaktor) konnte ihm nur recht sein. Im Siebenjährigen Krieg mussten dann allerdings die schwedischen Truppen Ende August 1761 unter Hinweis auf die Neutralität des Herzogtums das Gebiet von Mecklenburg-Strelitz endgültig verlassen (die Ordensmitgliedschaft zeitigte offenbar keine Wirkung mehr). Dessen ungeachtet ließ sich Adolf Friedrich zwei Jahre später für die Greifswalder Universität als Ritter des Seraphinenordens malen.[45] Mit diesem Orden wurde er bereits in der von Professor Andreas Mayer (1716–1782) 1754 herausgegebenen und dem „Recteur illustrissime de la ditte Academie" gewidmeten Kupferstichmappe über den 1747 bis 1750 erfolgten Neubau des Kollegiengebäudes in Greifswald abgebildet.[46] Unten auf dem Blatt findet sich dann sein Wappen: sowohl mit dem Seraphinen-, als auch mit dem Weißen Adlerorden (in der Widmung werden ebenso beide Orden aufgezählt). Man kannte also im Unterschied zu den Münzen diese Variante.

In den polnischen Weißen Adlerorden war Adolf Friedrich offiziell am 4. März 1753 aufgenommen worden (Abb. 6).[47] Aber schon vorher gab es diesbezügliche Aktivitäten, wie Johann Carl Dähnert (1719–1785) in seinem Bericht über den Aufenthalt des Strelitzers in Greifswald zu vermelden wusste:

---

[45] Vgl. ALVERMANN, Patronus Musarum (wie Anm. 43), S. 61–64. Sicher diente als Vorlage für das 1763 von Ester Denner gemalte Bild das Daniel Woge (1717–1797) zugeschriebene Gemälde (datiert um 1760). Auf dem trägt Adolf Friedrich aber nicht die Insignien des Hosenbandordens (er wurde erst 1764 Mitglied), sondern die des Weißen Adlerordens. Der aus dem Katalog: ERICHSEN, Johannes (Hrsg.): 1000 Jahre Mecklenburg. Geschichte und Kunst einer europäischen Region, Katalog zur Landesausstellung Schloß Güstrow vom 23. Juni bis 15. Oktober 1995, Rostock 1995, S. 318f. Nr. 6.2, übernommene Fehler lässt sich auch daran erkennen, dass im gleichen Band ein anderes Bild von Woge (?) den Herzog mit diesem Orden zeigt (S. 325 Nr. 6.14).

[46] [MAYER, Andreas:] Dessein du nouveau College de l'Academie Royale a Greiffswalde dedie a Son Altesse Serenissime Adolph Frederic IV. Duc regnant de Mecklenbourg Strelitz etc: etc: Chevalier des ordres Royaux des Seraphinus et de l'aigle Blanc, Recteur illustrissime de la ditte academie, Greifswald 1754. Vgl. LISSOK, Michael: Vom Fürstenbildnis zum Staatsporträt. Ganzfigurige Herrscherporträts aus dem Kunstbesitz der Ernst-Moritz-Arndt-Universität Greifswald (I. Teil), in: Pommern. Zeitschrift für Kultur und Geschichte 40 (2002), Heft 3, S. 34–41, hier S. 37.

[47] ŁOZA, Stanisław: Order orła Białego, Warszawa 1939, S. 32. Zum Weißen Adlerorden vgl. Za Ojczyznę i Naród. 300 lat Orderu Orła Białego, Katalog der Ausstellung im Warschauer Königsschloss vom 9. November 2005 – 31. Januar 2006, Redaktion: Marta MĘCLEWSKA, Anna SZCZECINA-BERKAN und Michał ZAWADZKI, Warszawa 2005; SYNDRAM, Dirk: Orden

Abb. 6: Weißer Adlerorden,
Exemplar von Herzog Adolf Friedrich IV. von Mecklenburg-Strelitz, 82 x 80 mm

Unter solchen geringen hiesigen Höflichkeitbezeugungen erhielte der Durchl. Herzog ein angenehmes Merkmal einer besonderen Distinction und Zuneigung von des Königes von Polen Majestät, welche den von dem hochseeligen Herzog von Mecklenburg-Strelitz getragenen Weissen Adler-Orden, für Se. Durchlauchten durch des Herrn Grafen von Plessen Hochgeborn. zurück gesandt hatten, nunmehr aber erklären liessen, daß Dieselbe sich des Rechts volljähriger Prinzen, den Orden anzulegen, nach Gefallen zu bedienen hätten. Der Ueberbringer dieser Nachricht war der Herr Cammerjunker von Jasmund, der am 22. Febr. hier eintraf, und bis zu der immer mehr herannähernden hohen Abreise Sr. Durchlauchten in Greifswald verblieb.[48]

– Weißer Adler, in: BISCHOFF, Cordula, HENNINGS, Anne (Hrsg.): Goldener Drache – Weißer Adler. Kunst im Dienst der Macht am Kaiserhof von China und am sächsisch-polnischen Hof (1644–1795), Katalog der gleichnamigen Ausstellung im Residenzschloss der Staatlichen Kunstsammlungen Dresden vom 11.10.2008 bis 11.01.2009, München 2008, S. 400–403.

[48] DÄHNERT, Johann Carl: Vollständiger Bericht von Sr. Hochfürstl. Durchlauchten des Regierenden Herrn Herzogs Adolph Friedrichs IV von Mecklenburg-Strelitz hohem Aufenthalt im

Mit dem „hochseeligen Herzog" war der Vater von Adolf Friedrich IV., Karl Ludwig Friedrich (1708–1752), gemeint. Der sogenannte Prinz von Mirow hatte diese Mitgliedschaft seit dem 25. Mai 1748 besessen:[49] *Dies können wir nicht verschweigen, daß Sr. Durchlauchtigkeit sich die Hochachtung aller benachbarten Monarchen erworben. Da diese genaue Kenner Fürstlicher Tugenden sind, wird wol jederman der vortheilhaften Meynung eines Friedrichs, eines Georgen, eines Augusts, von Carl Ludwig Friedrichen beyzustimmen verbunden seyn. Augustus jetziger K. von Pohlen entdeckte insonderheit seine Hochachtung gegen diesen höhern Glückes würdigen Prinzen, da er ihn mit dem großen Orden des Pohlnischen Weißen Adlers beschenkete.*[50]

Schwedischen Pommern, Greifswald 1753, S. 36. Zu Dähnert vgl. HERLING, Manfred: Johann Carl Dähnert (1719 – 1785). Seine Bedeutung als Bibliothekar, Historiker und insbesondere als Reorganisator des Universitätsarchivs Greifswald: in: Greifswald-Stralsunder Jahrbuch 13/14 (1982), S. 82–101; BETHKE, Arthur (Hrsg.): Johann Carl Dähnert (1719 – 1785). Bibliotheksgeschichtliche Beiträge anläßlich seines 200. Todestages, redaktionelle Bearbeitung: Paul Hadler (Wissenschaftliche Beiträge der Ernst-Moritz-Arndt-Universität Greifswald, Veröffentlichungen der Universitätsbibliothek 17), Greifswald 1986; HADLER, Paul: Johann Carl Dähnert. Ein Repräsentant deutsch-schwedischer Kulturbeziehungen im 18. Jahrhundert, in: Vetenskapssocietetens i Lund. Årsbok 1991 (1993), S. 38–46; NUMRICH, Thomas: Johann David von Reichenbach und Johann Carl Dähnert. Zwei Aufklärer in Pommern, in: KÜHLMANN, Wilhelm, LANGER, Horst (Hrsg.): Pommern in der Frühen Neuzeit. Literatur und Kultur in Stadt und Region, (Frühe Neuzeit. Studien und Dokumente zur europäischen Literatur und Kultur im europäischen Kontext 19), Tübingen 1994, S. 419–434.

[49] Bei ŁOZA, Order (wie Anm. 47), S. 83, erscheint Karl Ludwig Friedrich als Ritter des Weißen Adlerordens nur im Register. Die genauen Angaben über die Mitgliedschaften der beiden Strelitzer erhielt ich dankenswerterweise von Tadeusz Jeziorowski, Kurator am Wielkopolski Muzeum Wojskowe in Posen. Er informierte mich auch darüber, dass die bisher veröffentlichten Ordenslisten unvollständig sind und man gegenwärtig an einer verifizierten Aufstellung arbeitet. – Ein Gemälde im Staatlichen Museum Schwerin (Inv.-Nr. G 2249) zeigt den Prinzen von Mirow mit dem Weißen Adlerorden. Im Jahr 1997 wurde dem Neustrelitzer Museum ein Glaspokal mit dem Weißen Adlerorden geschenkt. Er entstand um 1750 vermutlich in der Zechliner Glashütte.

[50] BUCHHOLTZ, Samuel: Versuch in der Geschichte des Herzogthums Meklenburg, mit einer Vorrede von Angelius Johann Daniel AEPINUS, Rostock 1753, S. 579f. Zu Herzog Karl Ludwig Friedrich vgl. GIESEBRECHT, Ludwig: Der Fürstenhof in Mirow während der Jahre 1708 – 1761, in: Programm des vereinigten Königlichen und Stadt-Gymnasiums zu Stettin, womit zu der am Dienstag dem 15. September 1863 Nachmittags um 2½ Uhr statt findenden Abiturienten-Entlassung und dem mit ihr verbundenen öffentlichen Redeacte ehrerbietigst und ergebenst einladet A. G. Heydemann, Director und Professor, Stettin 1863, S. 1–35.

Bei dem Orden blieb es nicht, denn kurz darauf wurden die Beziehungen zwischen Polen/Sachsen und Mecklenburg-Strelitz erneut bekräftigt: König August III. (1733–1763) fungierte als Taufpate für den am 16. August 1748 geborenen Georg August (1748–1785), den jüngsten Sohn des Prinzen von Mirow.[51] Und dann 1753 die Neuverleihung des Ordens: der ging sozusagen vom Vater auf den Sohn über – eine nicht selten geübte Praxis, die uns auch später noch begegnen wird. Stets mussten aber erst die Insignien zurückgegeben werden, ehe sie an das neue Mitglied ausgehändigt werden konnten. Bei Friedrich Karl Moser (1723–1798) liest sich das so:

Weilen nach dem Toden eines Ritters die Ordens-Zeichen an den Ordens-Meister zurückgesandt werden müssen, so ist es eine zwischen den grossen Herren mehrmalen vorkommende Höflichkeit, daß die Nachfolger des Verstorbenen mit eben diesem Orden aufs neu beschenckt wird.[52]

Da der Prinz von Mirow kein Prägerecht besaß, konnte er zwar auf Münzen den „Weißen Adler" nicht sichtbar werden lassen, aber auf einem anderen Medium fürstlicher Repräsentation ließ er ihn abbilden. Es ist sein Siegel, auf dem das Ordenszeichen prangt.[53] Dort ist sogar ein weiteres Ordenszeichen auszumachen, wobei es sich wohl um das des pfälzischen (später bayerischen) Hubertusordens handelt.[54]

Nachdem Sr. Durchlauchten bis ins 18te Jahr unter Aufsicht der Frau Mutter von verschiedenen geschickten Männern zu allerley Fürstlichen Wissenschaften und Leibes-Uebungen angeführet worden, begaben Sie sich auf die hohe Schule zu Geneve, allwo Sie Dero Uebungen noch einige Jahre von 1726 an fortsetzten, und hernach Italien und Frankreich durchreiseten. Als Sie aus

---

[51] Landeskirchliches Archiv Schwerin der Evangelisch-Lutherischen Kirche in Norddeutschland, Kirchenbuch Mirow (Mecklenburg-Strelitz) 1727–1756, S. 145. Zu König August III. vgl. jetzt STASZEWSKI, Jacek: August III. Kurfürst von Sachsen und König von Polen. Eine Biographie. Aus dem Polnischen übersetzt von Eduard MERIAN, Berlin 1996.

[52] MOSER, Friedrich Karl: Kleine Schriften, Zur Erläuterung des Staats- und Völcker-Rechts, wie auch des Hof- und Canzley-Ceremoniels 1, Frankfurt am Main 1751, S. 35.

[53] TESKE, Wappen (wie Anm. 7), Tafel 20 Vr. 205. Auf den zwei dort abgebildeten Siegeln Adolf Friedrichs IV. ist auf dem einen ganz klar der Hosenbandorden auszumachen (Vr. 204, vgl. auch S. 94), auf dem anderen könnte es der Seraphinenorden sein (Vr. 203).

[54] Vgl. NIMMERGUT, Jörg: Deutsche Orden und Ehrenzeichen bis 1945, 1: Anhalt–Hohenzollern, München 1997, S. 130ff. – Auf einem Gemälde, das heute im Neustrelitzer Museum aufbewahrt wird, hat der Prinz von Mirow beide Orden angelegt.

Frankreich nach Wien reiseten, wurden Sie unterwegs zu Mannheim von dem Churfürsten zur Pfalz mit dem Ritterorden von St. Hubertus beschenket.[55]
Während also die Strelitzer Herzöge großen Wert auf die Vergegenwärtigung ihrer Mitgliedschaft im Weißen Adlerorden legten, stellte der Schweriner Herzog Friedrich der Fromme allein seine Zugehörigkeit zum dänischen Elefantenorden heraus, obwohl er schon seit 1757 dem polnischen Orden angehörte.[56] Auf keiner Münze oder Medaille ist dessen Zeichen auszumachen. Selbst im offiziellen Staatskalender heißt es hinter dem Elefantenorden immer nur lapidar „etc. etc."

Herzog Adolf Friedrich IV. ließ nun bei seinem Herrschaftsantritt nicht nur prestigeträchtige Goldmünzen[57] mit seinen Orden, sondern auch kleinere (normalerweise silberne oder kupferne) Nominale in Goldausführung prägen. Diese Goldabschläge von 1752 bzw. 1753 mit einem Gewicht von bis zu 8,6 g dienten ausschließlich Geschenkzwecken.[58] Obendrein wurde noch eine Medaille in Gold und Silber hergestellt.[59] Alles in allem ein mustergültiger Beginn seiner Herrschaft im Sinne der Nutzung von Münzen und Medaillen als Herrschaftszeichen – mehr konnte man einfach nicht erwarten. Umso mehr verwundert es dann, als Adolf Friedrich 1764 im Zuge der Vermählung seiner Schwester Charlotte (1744–1818) mit dem englischen König Georg III. (1760–1820) in den

---

[55] BUCHHOLTZ, Versuch (wie Anm. 50), S. 578f.

[56] ŁOZA, Order (wie Anm. 47), S. 35.

[57] Die pommersche Münzgeschichte liefert ebenso ein ausgezeichnetes Beispiel dafür, dass die Prägung von Goldmünzen dem fürstlichen Prestige dienen konnte: Die nicht unerhebliche Dukatenprägung Herzog Johann Friedrichs von Pommern-Stettin (1569–1600) besaß für den Geldumlauf keinen Nutzen, wird aber umso größeren Einfluss auf die fürstlichen Standesgenossen ausgeübt haben (obgleich die Stücke auch Umlaufspuren aufweisen); vgl. KRÜGER, Joachim: Zwischen dem Reich und Schweden. Die landesherrliche Münzprägung im Herzogtum Pommern und in Schwedisch-Pommern in der frühen Neuzeit (ca. 1580 – 1715) (Nordische Geschichte 3), Berlin 2006, S. 89–91 und S. 277f.

[58] 1/6-Taler 1752: KUNZEL, Mecklenburg (wie Anm. 8), S. 448 Nr. 590 A/a; 1/12-Taler 1753: ebd., S. 449 Nr. 595 B/a, Münzkabinett Schwerin (auch dort die weitere Münze), Inv.-Nr. Mü 4852; 3-Pfennig 1753: ebd., S. 451 Nr. 605 a, Inv.-Nr. Mü 4853.

[59] KUNZEL, Michael: Die Gnadenpfennige und Ereignismedaillen der regierenden Herzöge und Großherzöge von Mecklenburg 1537 bis 1918 (Veröffentlichungen der Historischen Kommission für Mecklenburg, Reihe B: Schriften zur mecklenburgischen Geschichte, Kultur und Landeskunde 9), Rostock 1995, S. 102f. Nr. 110; FRIED, Torsten: Die Medaille. Kunstwerk und Erinnerung, Kommentierter Katalog zu Beständen des Schweriner Münzkabinetts, Schwerin 2000, S. 34f. Nr. 10.

Hosenbandorden aufgenommen wurde und nichts dergleichen tat.[60] Ein wahrer Schub an fürstlicher Legitimation und keine Münze oder Medaille. Und das bei einem Fürstenhaus, dessen Vertreter laut Friedrich II. von Preußen (1740–1786) *keine anderen Schätze als ihre Titel, ihr Wappen und einen uralten Stammbaum* besäßen.[61]

Also: Im Unterschied zum Seraphinen- und Weißenadlerorden propagierte Herzog Adolf Friedrich IV. seine Mitgliedschaft im Falle des mit ungleich mehr Prestige behafteten Hosenbandordens nicht auf einer speziellen Gold-

---

[60] SCHNEIDER, Diethard: Der englische Hosenbandorden. Beiträge zur Entstehung und Entwicklung des "The Most Noble Order of the Garter" (1348 – 1702) mit einem Ausblick bis 1983, 2 Bde., Bonn 1988, hier 2, 1, S. 27. Zu Königin Charlotte vgl. HEDLEY, Olwen: Queen Charlotte, London, 1975; SCHMIEGELOW-POWELL, Angelika: Sophie Charlotte, Prinzessin von Mecklenburg-Strelitz, Königin Englands, in: PETTKE, Sabine (Hrsg.): Biographisches Lexikon für Mecklenburg (Veröffentlichungen der Historischen Kommission für Mecklenburg, Reihe A, 2), Rostock 1999, S. 243–247; DRINKUTH, Friederike: Königin Charlotte. Eine Prinzessin aus Mecklenburg-Strelitz besteigt den englischen Thron, Schwerin 2011; STROBEL, Heidi A.: The artistic matronage of Queen Charlotte (1744–1818). How a queen promoted both art and female artists in English society, Lewiston/Queenston/Lampeter 2011; vgl. darüber hinaus BEI DER WIEDEN, Helge: Die Stellung der Strelitzer Linie des Hauses Mecklenburg im deutschen und europäischen Hochadel, in: WERNICKE, Horst (Hrsg.): Vom Anfang und Ende Mecklenburg-Strelitzer Geschichte. Internationale Wissenschaftliche Konferenz „300 Jahre Mecklenburg-Strelitz" am 6. und 7. April 2001 in Neustrelitz, Friedland 2003, S. 122–137, hier S. 125ff.; KÖHLER, Marcus: The courts of Hanover and Strelitz, in: MARSDEN, Jonathan (Hrsg.): The Wisdom of George the Third, London 2005, S. 60–81.

[61] Brief von Friedrich an Wilhelmine vom 16. November 1736, in: VOLZ, Gustav Berthold (Hrsg.): Friedrich der Große und Wilhelmine von Baireuth, 1: Jugendbriefe 1728 – 1740, Deutsch von Friedrich OPPELN-BRONIKOWSKI, Leipzig 1924, S. 343. Vgl. HEINRICH, Gerd: Friedrich der Große und Mecklenburg. Geschichte einer Mesalliance, in: BEI DER WIEDEN, Helge, SCHMIDT, Tilmann (Hrsg.): Mecklenburg und seine Nachbarn (Veröffentlichungen der Historischen Kommission für Mecklenburg, Reihe B: Schriften zur mecklenburgischen Geschichte, Kultur und Landeskunde 10), Rostock 1997, S. 127–148; ESCHER, Felix: Der große Nachbar im Süden. Das Verhältnis von Brandenburg-Preußen zu Mecklenburg-Strelitz, in: Vom Anfang und Ende (wie Anm. 60), S. 45–58; zur brandenburgisch-mecklenburgischen Beziehungsgeschichte vgl. auch HEITZ, Gerhard: Ursprung und Wirksamkeit des brandenburgisch-mecklenburgischen Erbvertrages von 1442, in: ENDERS, Lieselott, NEITMANN, Klaus (Hrsg.): Brandenburgische Landesgeschichte heute (Brandenburgische Historische Studien 4), Potsdam 1999, S. 145–157; GÖSE, Frank: Der Blick über die Grenzen: Die brandenburgische und mecklenburgische Adelsgesellschaft in der Frühen Neuzeit, in: Mecklenburgische Jahrbücher 118 (2003), S. 27–50.

münze. War es ihm nur beim Beginn seiner Herrschaft wichtig und danach erlosch jedes Interesse? Werner Paravicini bringt es auf die griffige Formel: *Ein König kann unköniglich sein, ein Fürst, der König werden will, nicht.*[62]

Abb. 7: Herzog Adolf Friedrich IV. von Mecklenburg-Strelitz, 1/3-Taler 1773, Ø 30 mm

Was hier auf die Pracht am Hof gemünzt ist, lässt sich mühelos auf die Münzprägung ausdehnen. Erst neun Jahre später ließ der Herzog mit einem 1/3-Taler eine Münze prägen, die auf der Rückseite das vom Band des englischen Ordens umschlossene Wappen zeigt (Abb. 7).[63] Keine weitere Münze wurde mit dem Ordenszeichen dekoriert. Sicher emittierte er nur kleinere Nominale, aber der Münzbetrieb ruhte nie. Und Gold war auch vorhanden! Zwei Jahr nach seiner Aufnahme in den Hosenbandorden entstanden in der Neustrelitzer Münze Goldabschläge eines 1/48-Talers.[64]

Sicher war Adolf Friedrich IV. am Beginn seiner Herrschaft noch jung und unerfahren. Seine Mutter Elisabeth-Albertine (geboren 1713 als Prinzessin von Sachsen-Hildburghausen) dürfte deshalb erheblichen Einfluss auf ihn ausgeübt haben; sie starb 1761.[65] Ihm stand dann immer noch sein Oberhofmar-

---

[62] PARAVICINI, Schlichtheit und Pracht (wie Anm. 3), S. 80.

[63] KUNZEL, Mecklenburg (wie Anm. 8), S. 448 Nr. 589.

[64] Ebd., S. 451 Nr. 602 B/a; Münzkabinett Schwerin, Inv.-Nr. Mü 4860.

[65] Das vom späteren preußischen König Friedrich II. geäußerte Urteil über Herzog Adolf Friedrich III., wonach jener gut nähen könne (Brief von Friedrich an seinen Vater vom 26.

schall und Präsident des Geheimen Ratskollegiums, Johann Christoph von Zesterfleth (1694 oder 1695–1771), zur Seite.[66] Wenn der Strelitzer nun schon nicht
selbst auf den Gedanken kam, wie 1764 seine neue Ordensmitgliedschaft mit
Hilfe von Münzen zu visualisieren sei, hätte ein Zesterfleth als erfahrener und
weltgewandter Ratgeber (so kannte er den Wiener Hof) doch eingreifen können.[67] Aber auch von einer solchen Einflussnahme ist nichts bekannt. Andere
Fürsten wussten es besser oder hatten einfach mehr Interesse. Herzog Friedrich
III. von Sachsen-Gotha-Altenburg (1732–1772) wurde 1732 in den Weißen Adlerorden aufgenommen und es folgten Dukaten.[68] Das Gleiche wiederholte sich
beim Eintritt in den Hosenbandorden 1741, nur waren es jetzt Taler (oder auch
talerförmige Medaillen).[69]

Oktober 1736, in: PREUß, Johann David Erdmann [Hrsg.]: Œuvres de Frédéric le Grand, 27,
3: Correspondance 12, 3, Berlin 1856, S. 116–120 Nr. 108, hier S. 118), bestätigt sich jetzt
auch für seine Schwägerin Elisabeth-Albertine. In den Kunsthandwerklichen Sammlungen
des Staatlichen Museums Schwerin wurde eine Näharbeit (Stickerei) von ihr aus dem Schloss
Mirow entdeckt (Inv.-Nr. KH 1569).

[66] NUGENT, Thomas: Reisen durch Deutschland und vorzüglich durch Mecklenburg, Ber-
lin/Stettin 1781f., neu hg., bearb. und kommentiert von Sabine BOCK, Schwerin ²2000, S. 182,
liefert eine lesenswerte zeittypische Beschreibung von Zersterfleth. Zum Autor vgl.
NEUMANN, Erwin: Ein aufgeklärter Ire in Mecklenburg. Thomas Nugents „Travels through
Germany" und ihre deutsche Übersetzung, in: GRIEP, Wolfgang (Hrsg.): Sehen und Beschrei-
ben. Europäische Reisen im 18. und frühen 19. Jahrhundert (Eutiner Forschungen 1), Heide
1991, S. 185–196; GRÄF, Holger Th.: Nugent, Thomas, in: PETTKE, Sabine (Hrsg.): Biographisches Lexikon für Mecklenburg (Veröffentlichungen der Historischen Kommission für
Mecklenburg, Reihe A, 3), Rostock 2001, S. 182–185; zu numismatischen Aspekten seines Wer-
kes vgl. KLÜßENDORF, Niklot: Die Anfänge der mecklenburgischen Münzwissenschaft im Spiegel der Reiseberichte des Thomas Nugent aus dem Jahre 1766, in: Festschrift für Christa
Cordshagen, Mecklenburgische Jahrbücher, Beiheft zu 114 (1999), S. 251–268.

[67] Vgl. allgemein SLOTERDIJK, Peter: Konsultanten. Eine begriffsgeschichtliche Erinnerung,
in: Revue für postheroisches Management, Heft 2, März 2008, S. 8–19.

[68] STEGUWEIT, Wolfgang: Geschichte der Münzstätte Gotha vom 12. bis zum 19. Jahrhundert,
Weimar 1987, S. 233 Nr. 273; BANNICKE, Elke: Johann Christian Koch. Medailleur des Ba-
rock (Die Kunstmedaille in Deutschland 21), Berlin 2005, S. 188f. Nr. 103. Seine Mitgliedschaft in diesem Orden ist verzeichnet bei ŁOZA, Order (wie Anm. 47), S. 24.

[69] STEGUWEIT, Gotha (wie Anm. 68), S. 236 Nr. 281; BANNICKE, Koch (wie Anm. 68), S. 224
f. Nr. 136. Seine Mitgliedschaft in diesem Orden ist verzeichnet bei SCHNEIDER, Hosenbandorden 2, 1 (wie Anm. 60), S. 26.

Abb. 8: Schröder nach Daniel Woge, Herzog Adolf Friedrich IV. von Mecklenburg-Strelitz,
Radierung, 17 x 13 cm (man achte auf den Hosenband- und Seraphinenorden)

Keinesfalls soll aber der Eindruck entstehen, dass dem Strelitzer Herzog der Hosenbandorden ganz und gar gleichgültig gewesen wäre. Thomas Nugent (um 1700–1772) stellte in seiner Reisebeschreibung heraus: *Der Herzog hatte einen blausamtenen Rock an, blaßgelbe Unterkleider, weiße seidene Strümpfe, brillantene Schnallen, und den Orden des Hosenbandes um.*[70] Und an anderer Stelle heißt es: *Als Ritter vom Hosenbande trägt er beständig seinen blauen Orden.* Allerdings schrieb Nugent gleich hinterher: *auch ist er Ritter vom Weißen Adlerorden.*[71]

Das bedeutet, die ihm früher zugesprochenen Ordensmitgliedschaften behielten für ihn durchaus ihren Wert. Auf einer kleinen Radierung (7,5 x 7 cm) mit seinem Brustbild ist der Stern des Hosenbandordens so detailliert wiedergegeben, dass man ohne weiteres die Ordensdevise lesen kann (Abb. 8).[72] Und er trägt ihn nicht allein – das Ordenskleinod des schwedischen Seraphinenordens tritt hinzu. Alle drei Ordenszeichen (also auch das des Weißen Adlerordens) haben sich bis heute erhalten und werden im Schweriner Münzkabinett aufbewahrt.[73] Genauso kann man in Weisdin bei Neustrelitz ein Zeugnis seiner Mitgliedschaft im Hosenbandorden bewundern. Wird man dort des seit 1761 im Besitz der herzoglichen Familie befindlichen Schlosses ansichtig, fällt der Blick sofort auf das vom Knieband des englischen Ordens umgebene Wappen.[74]

---

[70] NUGENT, Reisen (wie Anm. 66), S. 166.

[71] Ebd., S. 181. – Bei der Bestimmung der unterschiedlichen Ordenszeichen unterliefen Nugent auch Fehler. So deutete er bei Hofmarschall von Lützow das weiße Band als Elefantenorden, ebd., S. 314. Lützow war aber nicht Mitglied in dieser Gemeinschaft, es kann nur der Danebrogorden gemeint sein.

[72] Schröder nach Daniel Woge, Herzog Adolf Friedrich IV. von Mecklenburg-Strelitz, Radierung, 17,5 x 13,3 cm (das Blatt insgesamt), Staatliches Museum Schwerin, Kupferstichkabinett, ohne Signatur.

[73] Staatliches Museum Schwerin, Münzkabinett, Inv.-Nr. KJ 1260 (Weißer Adlerorden), KJ 1263 (Seraphinenorden), KJ 1264–1268 (Hosenbandorden).

[74] Vgl. DEHIO, Georg: Handbuch der Deutschen Kunstdenkmäler. Mecklenburg-Vorpommern, bearb. von Hans-Christian FELDMANN mit Beiträgen von Gerd BAIER, Dietlinde BRUGMANN, Antje HELING und Barbara RIMPEL, München/Berlin 2000, S. 672. – Sowohl am Neustrelitzer als auch am Fürstenberger Schloss war der Elefantenorden angebracht worden (Den Hinweis verdanke ich Frau Dr. Friederike Drinkuth, Verwaltung der Schlösser und Gärten im Betrieb für Bau und Liegenschaften Mecklenburg-Vorpommern, Geschäftsbereich Schwerin).

Abb. 9: Entwurf eines Mecklenburg-Strelitzer Ordens,
den Herzog Adolf Friedrich IV. zu stiften beabsichtigte, 54 x 54 mm

Der Vollständigkeit halber seien noch zwei Aspekte erwähnt: Erstens wurde Herzog Adolf Friedrich IV. am Ende seiner Regierungszeit (7. Oktober 1791) noch in den Schwarzen Adlerorden aufgenommen (Nr. 338).[75] Immerhin sollte 1793 seine Nichte Luise (1776–1810) den späteren König Friedrich Wilhelm III. von Preußen (1797–1840) heiraten.

Der Strelitzer ließ sich von dieser neuen Ehre nicht beeindrucken – auf keiner seiner Münzen ist ein diesbezügliches Ordenszeichen zu finden. Zweitens sollte die Stiftung seines eigenen Ordens über den Entwurf nicht hinauskommen. Das Probestück wurde als weißemailliertes Kreuz mit vier bekrönten Enden aus-

---

[75] HENGST, Ritter (wie Anm. 34), S. 204; HENNING, Ritter (wie Anm. 34), S. 75. Das Ordens-zeichen im Schweriner Münzkabinett (Inv.-Nr. KJ 1261) ist eine spätere Anfertigung.

geführt, auf den Armen findet sich jeweils das goldene Monogramm AF; das Medaillon trägt auf hellblauem Untergrund das gleiche Monogramm. Auf der Rückseite ergibt die Aufschrift zusammengenommen „Pour / Gage d'une / Amitié / Constante" (Abb. 9).[76]

Ein Fazit: Fürstliches Rangbewusstsein speiste sich unter anderem aus der Zugehörigkeit zu höfischen Ritterorden. Wer in einer solch exklusiven Gemeinschaft Aufnahme fand, setzte alles daran, die neue Ehre auch sichtbar werden zu lassen. Es war deshalb nur folgerichtig, dass auf den Münzen des neuen Ordensritters die entsprechenden Insignien abgebildet wurden; in der Regel fügte man sie dem Wappen hinzu. Allerdings machten nicht alle Fürsten von dieser Möglichkeit der Herrschaftsrepräsentation Gebrauch. Es hing eben von der Interessenlage des jeweiligen Herrschers ab. Man kann auch sagen: Er handelte arbiträr – ganz nach eigenem Ermessen.

---

[76] Staatliches Museum Schwerin, Münzkabinett, Inv.-Nr. KJ 1262.

Abbildungen

Abb. 1
Herzog Christian I. Louis von Mecklenburg-Schwerin, Taler 1670, Ø 45 mm

Abb. 2
Pierre Lombard, Bildnis des Herzogs Christian I. Louis von Mecklenburg-Schwerin, 1670, Kupferstich, 38 x 30 cm (man achte auf den Orden vom Heiligen Geist und den Michaelsorden)

Abb. 3
Charles Beaubrun, Bildnis des Herzogs Christian I. Louis von Mecklenburg-Schwerin, Öl auf Leinwand, 119 x 95 cm (man achte auf den Orden vom Heiligen Geist)

Abb. 4
Herzog Adolf Friedrich IV. von Mecklenburg-Strelitz, Silberabschlag des 5-Talerstückes 1754, Ø 23 mm

Abb. 5
Seraphinenorden, Exemplar von Herzog Adolf Friedrich IV. von Mecklenburg-Strelitz, 63 x 63 mm

Abb. 6
Weißer Adlerorden, Exemplar von Herzog Adolf Friedrich IV. von Mecklenburg-Strelitz, 82 x 80 mm

Abb. 7
Herzog Adolf Friedrich IV. von Mecklenburg-Strelitz, 1/3-Taler 1773, Ø 30 mm

Abb. 8
Schröder nach Daniel Woge, Herzog Adolf Friedrich IV. von Mecklenburg-Strelitz, Radierung, 17 x 13 cm (man achte auf den Hosenband- und Seraphinenorden)

Abb. 9
Entwurf eines Mecklenburg-Strelitzer Ordens, den Herzog Adolf Friedrich IV. zu stiften beabsichtigte, 54 x 54 mm

Alle abgebildeten Werke entstammen dem Staatlichen Museum Schwerin. Fotos: Gabriele Bröcker

Fritz-Reuter-Nationalmuseum in Schwerin
– eine unverwirklichte Idee

VON WOLF KARGE

Fritz Reuter war bei seinem Lebensende 1874 bereits eine feste Größe nicht nur in der deutschen Literaturgeschichte, sondern bereits in der deutschen Nationalkultur, und seine Hinterlassenschaften waren gefragte Artefakte von Sammlern und Archiven. Der eifrigste, aggressivste und auch penetranteste Sammler war in jener Zeit ohne Frage Prof. Dr. Karl Theodor Gaedertz (1855 – 1912). Der gebürtige Lübecker und später preußische Bibliothekar und Literaturhistoriker war in seiner letzten beruflichen Station von 1900 bis 1905 stellvertretender Bibliotheksdirektor an der Greifswalder Universität. Diese Beamtenstelle hatte er mit 50 Jahren aufgegeben, um sich ganz seiner Passion und Manie – Fritz Reuter – zu widmen. 1885 schrieb Gaedertz, der sich selbst natürlich positiv sah, über einen Besuch bei Luise Reuter:

War er mir nicht gegenwärtig, allüberall, auf Schritt und Tritt? Wenn ich an seinem Schreibtische saß, wenn ich tausend Lieblingsgegenstände, die er benutzt, worauf seine Hand, sein Auge wohlgefällig geruht hatte, durch die Finger gleiten ließ, seine Bilder, seine Bücher, seine Schreibutensilien, seine Pfeifenköpfe, wenn mir seine Witwe von ihm erzählte und ich lauschte.[1]

Das bewegte den überschwänglichen Sammler. Von Luise Reuter ist dagegen überliefert, dass er das eine oder andere Stück, worauf seine Hand geruht hatte, durchaus auch auf nicht ganz redliche Art versuchte, an sich zu bringen. Sein höchstes Lebensziel sollte die Einrichtung eines Fritz-Reuter-Nationalmuseums sein. Dieses Ziel verfolgte er unerbittlich und stand der Erreichung des Ziels dabei selbst am meisten im Wege. Zwischen Weimar, Eisenach, Greifswald, Rostock, Berlin und Schwerin verursachte der Sammler mit diesem Vorhaben erhebliche Aufregung.

Am 8. Juli 1912 starb Gaedertz in Berlin im Alter von erst 57 Jahren. In einem Nachruf fasste ein Redakteur zusammen:

---

[1] GAEDERTZ, Karl Theodor, Fritz Reuter-Reliquien, Wismar 1885, S. VII.

*Gaedertz hat das Erbe Reuters mit zähem Eifer und heißer Liebe gehü-
tet, und wenn er darin manchmal etwas weiter ging, als der gute Geschmack
ertrug, so muß man das seiner ehrlichen Begeisterung zugute halten.*[2] Darin
liegt vermutlich die Tragik dieses Mannes.

Doch wie begann diese Manie? Zunächst einmal mit der Sammlung. Eine erste Veröffentlichung der Liste seiner Trophäen erfolgte 1885 im Nach-
gang zum 10jährigen Todestag seines Protagonisten. Der Generalversammlung
der Fritz-Reuter-Altenheim-Gesellschaft berichtete er später über seine ersten
Anläufe für das Museum unmittelbar nach dem Tod Luises 1894 und der
Übergabe der Villa an die Schillerstiftung in Eisenach. Nach diesem Bericht
wollte er mit seiner Sammlung zunächst in die Reuter-Villa. Doch in Eisenach
war man froh, schließlich in der Kombination mit einem Wagner-Museum eine
tragfähige Lösung gefunden zu haben.[3] Reuter-Verehrer sahen das anders und
bestärkten Gaedertz. Ein Freund schrieb:

*Ich bin nach den letzten unangenehmen Eindrücken aus dem Reuterhaus
geflohen - hinaus auf die Terrasse des Reutergartens, die noch in ungestörter
historischer Treue erhalten ist. Dort an einem Gartentisch schrieb ich sofort
eine ,Ansichtspostkarte' an meinen Freund, den Reuterbiographen Dr.
Gädertz: ,Wagner möt dor rut; helpen Sei!'*[4]

Doch die Eisenacher Villa blieb für Gaedertz uneinnehmbar. Dann ver-
lor sich der Museumsgedanke bei Gaedertz für einige Jahre, bis er anlässlich
des 30. Todestages des Dichters am 12. Juli 1904 in der Aula der Greifswalder
Universität, die damals noch als Bibliothek diente, eine Ausstellung eröffnete,
zu der er zahlreiche Leihgaben aus ganz Deutschland zusammengetragen hatte.[5] Als er, der passionierte Sammler, die Stücke wieder an die Eigentümer
zurücksenden musste, erwachte der Museumsgedanke neu:

---

[2] Landeshauptarchiv Schwerin (LHAS), 5.12-7/1 Ministerium für Unterricht, geistliche und
Medizinalangelegenheiten (MfU), Nr. 6907.

[3] Archiv der Hansestadt Lübeck (AHL), Familienarchiv Gaedertz, Nr. 154.

[4] WENDLANDT, W[ilhelm], Eine kunstgeschichtliche Barbarei, in: Berliner Signale. Zeitschrift für die musikalische Welt, Nr. 23, 1.12.1898, S. 355.

[5] AHL, Familienarchiv Gaedertz, Nr. 158.

Frih Reuter liest in dem Arbeitszimmer seiner Villa in Eisenach (Winter 1863—64) seiner Louise das Manuskript „Ut mine Stromtid" III. Teil vor.

Abbildung 1: Buchillustration um 1900

Ein unendlich schmerzliches Gefühl ergreift mich, diese schönen, hier im harmonischen Gesammtbilde vereinigten Schätze und Reliquien wieder in alle Winde zerstreuen zu müssen. [...] Hilft da kein Mäcen Niedersachsens?! Das auf der hiesigen Reuter-Ausstellung Zusammengebrachte könnte, nebst dem Bestande aus Reuters Villa, den Grundstock abgeben zu meinem Lieblingsplan und Lebenswerke: ,Reuter-Archiv und -Museum'.[6]

Unterstützung erhielt er aus Eisenach. Allerdings war es der Redakteur der Rostocker Zeitung, Otto Weltzien, der ihm am 25. Juli 1904 aus Thüringen schrieb:

Ich meinerseits habe den Eindruck, dass es hohe Zeit ist in Norddeutschland Reuteriana zu sammeln, dort eine Zentralstelle zu schaffen, die die m. E. nicht im rechten Sinne verwaltete Eisenacher ersetzt. [...] Sollte es demgegenüber wirklich nicht möglich sein in Vorpommern oder dem südl[ichen] Mecklenburg unserm Reuter für seine Hinterlassenschaft - oder doch für Teile daraus - eine entsprechende Heimstatt zu bereiten?[7]

Weltzien kannte die Verhältnisse in Eisenach aus erster Hand, hatte er doch selbst mehrere Jahre bei der Eisenacher Tagespost gearbeitet, deren Chefredakteur, Kühner, in Personalunion Direktor des Museums war. Weltzien musste in diesem Zusammenhang auch einige Zeit die Verwaltung des Museums führen.[8]

Gaedertz suchte nach dieser Ermutigung weitere Unterstützer der Idee. Doch es gab auch Kritiker, Skeptiker und einige prominente Gegner seiner Pläne. Am 7. August 1904 schrieb ihm der Geheimrat Prof. Dr. jur. Richard Schroeder aus Heidelberg:

Sehr geehrter Herr Kollege! Der Errichtung eines zweiten Reuter-Museums in Konkurrenz mit dem in der Reuter-Villa begründeten kann ich nicht freudig zustimmen.[9]

Die Antwort von Gaedertz vom 9. August 1904 wurde eine umfangreiche Aufzählung aller Gründe, die ihn zu einer solchen Unternehmung bewogen. Der Brief schließt mit der werbenden Aufforderung:

Ich würde mich freuen, wenn der Sohn von Reuters altem Gönner, sein Schüler und Freund, nach dieser ausführlichen Darlegung, mein mit großen

---

[6] AHL, Familienarchiv Gaedertz, Nr. 154.

[7] Ebd.

[8] Rostocker Zeitung (RZ) vom 11.5.1906.

[9] AHL, Familienarchiv Gaedertz, Nr. 154.

persönlichen Opfern verbundenes ,Reuter-National-Museum' mit Rat und That unterstützen möchte, mir und nicht den Eisenachern seine Reuter-Andenken überweisen [...] würde. [10]

Doch Schroeder blieb hart. Seine Reuteriana gelangten zunächst an das Schweriner Landesmuseum und schließlich 1956 an das dortige Staatsarchiv. [11] Gaedertz wandte sich aber auch an die Großherzöge und erhielt günstige Signale.

Mein Vaterländisches Unternehmen durfte ich den Großherzögen von Mecklenburg-Strelitz und Mecklenburg-Schwerin sowie dem sich ebenfalls lebhaft dafür interessierenden Herzog Johann Albrecht persönlich vortragen, ersterem hohen Herren am 8. Januar 1905. [12]

Deshalb versuchte der unermüdliche Museumsplaner z.B. auch den Geheimen Finanzrat Otto Büsing aus Schwerin zu gewinnen.

Abbildung 2: Karl Theodor Gaedertz

Büsing war Direktor der Mecklenburgischen Hypotheken-und Wechselbank und damit einer der, wenn nicht überhaupt der einflussreichste Banker Mecklenburgs jener Zeit. Gaedertz hatte ihm eine kleine Schrift über Reuter übersandt und Büsing bedankte sich am 4. Mai 1905. [13] Wichtige öffentliche Unterstützung erhielt die Museumsidee für Norddeutschland weiter durch die Rostocker Zeitung. Pünktlich zum 95. Geburtstag des Dichters, polemisierte der Redakteur (offenbar Weltzien) zunächst über die Unzulänglichkeit des „Dualmuseums" in Eisenach, um dann zu schlussfolgern:

---

[10] Ebd.

[11] RAKOW, Peter-Joachim, Reuter-Autographe im Staatsarchiv Schwerin, in: Schweriner Blätter 5 (1985), S. 81.

[12] AHL, Familienarchiv Gaedertz, Nr. 154.

[13] Ebd.

Ein Nachlaß-Museum hat bei Dialekt-Dichtern eben wohl nur dort Wert
und Bedeutung, wo sie zu Hause waren. [...] Streben wir ein Reuter-Museum in
Mecklenburg an! [...] Ist Niederdeutschland nicht imstande das Lebendige in
seiner Literatur zu vereinigen an einer Stätte, die sich dazu eignet? Man sollte
es doch meinen. [14]

Für 1906 hatte Gaedertz den Durchbruch für seine Museumsidee geplant. Mit einer Offensive in der Presse machte er die Öffentlichkeit auf das
Thema aufmerksam. Dabei muss ihm bescheinigt werden, dass er über ausgezeichnete Kontakte zu den Medien verfügte. Nicht nur die Rostocker und die
Mecklenburgische Zeitung, als die beiden größten Tageszeitungen des Landes,
auch Berliner, Thüringer oder Hamburger Blätter wurden von ihm versorgt. [15]

Die Rostocker Zeitung ging wieder voran und schrieb, dass

wir auf Grund bester Informationen noch folgendes mitteilen (können):
Wie gemeldet, hat der bekannte Reuterforscher Oberbibliothekar Prof. Dr.
Gaedertz sich bereit erklärt die Reuter-Andenken, Bücher, Bilder etc., die er
besitzt, für ein Reuter-Museum in Mecklenburg zur Verfügung zu stellen. [...]
Für den Plan ist u.a. auch der Reichskanzler Fürst Bülow gewonnen; der
Fürst, dessen Vater Mecklenburger und entfernter Verwandter des ehemaligen
Kommandanten von Dömitz war, äußerte sich dahin, daß eventuell eine staat
liche Unterstützung nicht ausgeschlossen sei. [...] Uebrigens würde es, wenn
auch Schwerin in erster Linie als Ort für das Reuter-Museum genannt wird,
möglich sein, es für Rostock zu gewinnen. [16]

Das kommentierte die in Schwerin erscheinende Mecklenburgische Zeitung bereits in ihrer Abendausgabe des selben Tages:

Wir können natürlich in erster Linie nur hoffen, daß der ursprüngliche
Gedanke der Verlegung nach Schwerin zur Verwirklichung gelangt, und geben
der Erwartung Raum, daß hier in Schwerin der Plan aus allen Kreisen und von
allen in Betracht kommenden Stellen tatkräftige und reichliche Unterstützung
findet. [17]

Die Rostocker Zeitung legte am nächsten Tag nach: *Wir unsererseits*
glauben, daß Rostock gerade für ein Reuter-Museum der geeignete Platz wä

---

[14] RZ vom 5.11.1905.

[15] AHL, Familienarchiv Gaedertz, Nr. 154.

[16] RZ vom 5.5.1906.

[17] Mecklenburgische Zeitung (MZ) vom 5.5.1906.

re.[18] – Die mecklenburgische Öffentlichkeit war damit auf das Thema aufmerksam gemacht worden. Wenige Tage später konnte man in Eisenach lesen:

Nach erfolgter Rücksprache mit einflussreichen Persönlichkeiten ist nun der Plan aufgetaucht, zugleich eine Verlegung des Eisenacher Reutermuseums nach Mecklenburg bestimmt ins Auge zu fassen.

Das wurde in Eisenach entschieden abgelehnt. Deshalb heißt es am Ende des Beitrages:

Es bleibt also nur übrig, den Reuterfreunden in Mecklenburg den Rat zu geben, wenn sie Sehnsucht nach Reuter ergreift, nach Eisenach zu kommen und hier einige Stunden im Reutermuseum zu verweilen bezw. Reuters Grab zu besuchen.[19]

Dass der preußische Ministerpräsident und Reichskanzler Bernhard Fürst von Bülow (1849-1929) zu dem Projekt angefragt wurde, ist richtig, ob er tatsächlich dafür „gewonnen" wurde, wie Gaedertz behauptete, ist schriftlich nicht überliefert. In Eisenach selbst entfachte die Meldung, auch wegen der dreisten Einmischung in kommunale Angelegenheiten, weitere heftige Debatten.

In Mecklenburg-Schwerin und Mecklenburg-Strelitz lösten die Pressemitteilungen einen regelrechten Wettlauf verschiedener Kommunen um die Reuter-Sammlungen aus. Wilhelm Schmidt, der Vorsitzende des plattdeutschen Vereins für Rostock und Umgebung, schrieb an Gaedertz am 22. Mai 1906:

Im Auftrage des Vereins habe ich auch bereits mit dem worthabenden Bürgermeister, Dr. M. Massmann gesprochen. Es ist nicht ausgeschlossen, dass die Stadt Rostock den Raum für ein Museum hergibt. Herr Bürgermeister Dr. Massmann dachte z.B. an eine Zimmerflucht im Rathause. [...] Herr Dr. Massmann wünschte, daß ich die Sammlung besehen möge. Wir bauen sonst in der Luft.[20]

Herr Bruhns wandte sich im Auftrag des Magistrats der Vorderstadt Neubrandenburg am 26. Mai 1906 an Gaedertz:

Nach unserer Meinung dürfte unserer Stadt und Stavenhagen der Vorzug zu geben sein, da Schwerin und Rostock weder mit der Person Reuters noch mit seinen Werken in Zusammenhang stehen. [...] Die Unterbringung des

---

[18] RZ vom 6.6.1906.

[19] Eisenacher Tagespost vom 8.5.1906.

[20] AHL, Familienarchiv Gaedertz, Nr. 154.

Museums würde voraussichtlich keine Schwierigkeiten bereiten, da ein würdiger Platz in städtischen Gebäuden zur Verfügung steht.

Weiter würdigte Bruhns dann aber besonders die Vorzüge Neubrandenburgs gegenüber Stavenhagen.[21] Die Stavenhagener hatten aber 1904 bereits eine offizielle Abordnung zur Ausstellung nach Greifswald entsandt und damit sozusagen „ältere Rechte". Wilhelm Schmidt legte am 2. Juni 1906 für Rostock nach:

Sie suchten nach einem Gebäude für das Reuter-Museum. Es ist gefunden! Nur schnell zugreifen, lieber, hochverehrter Herr! Sonst geht es für ein paar Groschen weg! Es ist das Amtshaus des Toitenwinkler Amtes. Also gehört dem Lande![22]

Otto Weltzien von der Rostocker Zeitung schrieb dazu allerdings dann am 7. Juni 1906 schon einschränkend persönlich an Gaedertz:

Dazu, einige Zimmer herzugeben, bestand tatsächlich Neigung. Lediglich mit dem Geld ‚is 't wat anners'.[23] Der so heftig umworbene Sammler ließ sich mit der Antwort Zeit und lehnte am 12. Juni 1906 in Neubrandenburg ab:

Jedoch würde es, was das von mir geplante R[euter]-Museum betrifft, nicht genügen, dass daselbst ein würdiger Platz in städtischen Gebäuden zur Verfügung steht. Die Sammlung ist schon jetzt außerordentlich reichhaltig und erfordert ein ganzes geräumiges Haus, außerdem zur Errichtung, Erhaltung und Sammlung bedeutende Mittel.[24]

Hintergrund für dieses anmaßende Auftreten ist, dass Gaedertz am 25. Mai 1906, also drei Wochen zuvor, ein Telegramm mit der *Aufforderung zur Audienz Montag 28. Mai elf Uhr* vom Schweriner Großherzog erhielt.[25] Gleich im Anschluss wurde er von Herzog Johann Albrecht auf Schloss Wiligrad empfangen.[26] Damit schien der Weg frei für sein Vorhaben in Schwerin.

Die Landeshauptstadt war für Gaedertz seit 1905 der heißeste Favorit für ein Fritz-Reuter-Museum. Mit dem Rückenwind dreifacher fürstlicher Gunst wollte er nun auf der höchsten Regierungsebene die Platzfrage klären, in der Meinung, dass nur noch die geeignete Stelle für den Neubau gefunden

---

[21] Ebd.

[22] Ebd.

[23] Ebd.

[24] Ebd.

[25] Ebd.

[26] MZ vom 29.5.1906.

werden müsste. Deshalb schrieb er am 29. Mai 1906 an den Chef des großherzoglichen Kabinetts, Otto von Wickede, aus Sterns Hotel in Schwerin.

In Bezug auf die Platzfrage möchte ich mir die Bemerkung erlauben, daß nach allseitigem Urtheil das Green-House sich nicht eignet; immer wieder komme ich, da ja leider das Alexandrinen-Palais ausgeschaltet werden muß, zurück auf das dem Großherzog gehörende Eckhaus Beaugency- und Klosterstraße, gegenwärtig von Hofbedienten bewohnt, mit Hintergarten und einem Zipfel vorn, das der Stadt gehört – und wir hätten einen schönen Platz für den Neubau gewonnen, der eine Zierde Schwerins werden würde.[27]

So schnell, wie Gaedertz gehofft hatte, ging es zwar in Mecklenburg nicht, doch befasste sich nun neben dem Fürstenhaus auch die höchste Regierungsbürokratie mit dem Thema, um die Reuter-Sammlung in die Landeshauptstadt Schwerin zu bekommen.

Um der Sache den nötigen Nachdruck zu verleihen, hatte Herzog Johann Albrecht zu einem Treffen am 31. Mai 1906 im Audienzsaal des Regierungsgebäudes den Staatsrat Dr. Adolf Langfeld, den Geheimen Finanzrat und Direktor der Mecklenburgischen Hypotheken- und Wechselbank Otto Büsing, den Schweriner Bürgermeister Max Burgmann, als Archivdirektor den Geheimen Archivrat Hermann Grotefend, als Chef der Regierungsbibliothek den Geheimen Regierungsrat Dr. Karl Schröder und als Chef der großherzoglichen Verwaltung den Kabinettsrat Otto von Wickede eingeladen. Bankdirektor Büsing war allerdings nicht erschienen. Auf der Tagesordnung standen: 1. eine inhaltliche Skizze des Gaedertzschen Plans, 2. die Gedanken über einen Aufruf zur Sammlung von Geld, die möglichen dazu erforderlichen Unterzeichner und die Verbreitung des Aufrufs, 3. die Frage, wer persönlich zum Beitrag zu bitten sei, und 4. die Erwägung, ob eine Anfrage zu einem Protektorat durch den Reichskanzler möglich sei.[28] Das Protokoll hielt dann fest: Zunächst erläuterte Herzog Johann Albrecht das Vorhaben.

Nachdem sich sein [Gaedertz'] Plan in Greifswald und Eisenach zerschlagen, habe er sich nach Mecklenburg gewandt, beiden Großherzögen den Plan unterbreitet und von ihnen die Zusage erhalten, daß sie der Schaffung eines solchen Museums in Mecklenburg sympathisch gegenüberstehen und zur Übernahme des Protektorats gern bereit wären.

---

[27] LHAS, 5.2-1 Kabinett III, Nr. 4745.

[28] Ebd.

Rostock und auch Parchim hätten nach Gaedertz' Aussage ebenfalls Interesse angemeldet, aber Parchim sei nach Ansicht des Herzogs viel zu abgelegen. In der Diskussion gingen die Herren dann sehr offen in medias res:

Es wurde weiter widerspruchslos betont, daß die Persönlichkeit des Prof. Gaedertz nicht ganz einwandfrei sei und insbesondere sein Name in literarischen Kreisen wegen der Art seiner schriftstellerischen Tätigkeit keinen besonders guten Klang habe; deshalb sei es geboten, die ganze Angelegenheit tunlichst auf das sachliche Gebiet zu beschränken und möglichst wenig mit der Persönlichkeit des Prof. Gaedertz zu verquicken.[29]

Kurz: Reuter-Museum ja, aber ohne Gaedertz – doch das blieb geheim. Die Erschienenen konstituierten sich als „Arbeitsausschuß für die Errichtung eines Reuter-Museums in Schwerin" unter dem Vorsitz von Johann Albrecht. Otto Büsing wollte nicht beteiligt sein und schlug Emil Kaiser von der Mecklenburgischen Hypotheken- und Wechselbank vor. Die Kontoführung für die Spenden sollte kostenfrei sein.

Als Platz für den Museumsneubau wurde vom Arbeitsausschuss ein Platz beim Aufeinandertreffen von Beaugencystraße und Kaiser-Wilhelm-Straße in Richtung Jägerhof favorisiert. Johann Albrecht schlug vor, ein Gebäude zu errichten, in dem die Reutersammlungen und eine Aufseherwohnung Platz finden sollten. Auf Anregung des Großherzogs Friedrich Franz IV. sollte das Haus aber auch die Sammlungen aller anderen mecklenburgischen plattdeutschen Dichter und einen geräumigen Vortragssaal, *der in Schwerin so sehr fehle*, aufnehmen. Das großherzogliche Museum wurde in die Arbeit nicht involviert, weil der private Charakter des Reuter-Museums nicht verwässert werden sollte. Mecklenburg-Strelitz sollte erst nach einer Einigung mit Gaedertz einbezogen werden. Die Aufgaben der Ausschussmitglieder wurden verteilt und alle gingen emsig an die Arbeit.

Adolf Langfeld hatte sich verpflichtet, an Staatsminister Dr. Carl Rothe in Weimar, in dessen Eigenschaft als Vorsitzender der Schillerstiftung, zu schreiben, um die Möglichkeit einer Übergabe des Manuskriptnachlasses aus dem Goethe-Schiller-Archiv zu eruieren. Außerdem sollte er die Angelegenheit im Staatsministerium besprechen lassen.[30]

Parallel hatte Langfeld bei Fritz Milkau, Direktor der Königlichen Universitätsbibliothek Greifswald, Erkundigungen über Gaedertz eingezogen, die

---

[29] Ebd.

[30] LHAS, 5.12-7/1MfU, Nr. 6907.

Milkau am 8. Juni 1906 nicht unbedingt zum Vorteil von Gaedertz beantworte-
te:

*Was zunächst seine dienstlichen Leistungen angeht, so sind dieselben
dadurch nicht unwesentlich beeinträchtigt worden, daß seine Neigung weniger
dem erwählten Beruf als seinen litterarischen und wissenschaftlichen Arbeiten
zugewandt war, ohne daß er immer die Kraft besessen hätte, im Widerstreit
zwischen Pflicht und Neigung die rechte Entscheidung zu treffen.*

An dieser Stelle hatte Milkau später noch hinzugefügt: *Das ist sehr mil-
de ausgedrückt.* Weiter erwähnte er noch: *Er ist auch sehr ordenssüchtig.*[31]
Andererseits schrieb Milkau, dass z.B. Abraham Römer in seiner gedruckten
Darstellung über Gaedertz *zu viel persönliche Gehässigkeit* hätte einfließen
lassen.[32]

Der ebenfalls angefragte Ministerialdirektor Friedrich Althoff, der
„heimliche Kultusminister" in Preußen, schrieb an Otto von Wickede in diesem Zusammenhang: *Daß er [Gaedertz – W.K.] an übergroßer Bescheidenheit
leidet, wird ihm niemand nachsagen können.*[33]

Übereinstimmend wurden aber die Qualität der Sammlung und das Ver-
dienst Gaedertz' darum gelobt, sowie seine guten Reuter-Kenntnisse und seine
Meriten um die Literaturgeschichte des 18. und 19. Jahrhunderts hervorgeho-
ben. Allerdings ging das Lob von außen nicht so weit, wie die Selbsteinschät-
zung von Gaedertz, der meinte, *daß gegenwärtig niemand existiert, der mir
[...] als Kenner von Reuters Leben und Schaffen gewachsen sein möchte.*[34]

Adolf Langfeld hatte auch die Aufgabe, Wert und Umfang der Reuter-
Sammlung zu ermitteln. Auf diese Anfrage schrieb Gaedertz am 12. Juni 1906:
*Meine Sammlung besteht aus 50 größtenteils eingerahmten Gemälden,
die Reuter während seiner ,Festungstid' und ,Stromtid' in Oel, Pastell, Kreide
oder mit dem Stift geschaffen hat; aus ca. 300 Bildern – z.T. von berühmten
Künstlern wie Bahr, Härtel, Pietsch, Schlöppke – Aquarellen, Zeichnungen,
Silhouetten, Kupferstichen, Lithographien, Photographien usw., die Fritz und
Luise Reuter, ihren Verwandten- und Freundeskreis, die Urgestalten der Reu-
terschen Werke, die Kommandanten, Offizianten und Leidensgefährten auf den
5 Festungen, die verschiedenen Städte, Gegenden und Wohnungen in Jugend*

---

[31] Ebd.

[32] Vgl. RÖMER, Abraham, Heiteres und Weiteres von Fritz Reuter, Berlin 1905.

[33] LHAS, 5.12-7/1MfU, Nr. 6907.

[34] Ebd.

und Alter darstellen; aus einem beträchtlichen Manuskripten-Vorrat, darunter die Originalhandschriften von 'Urgestalt der Stromtid', 'Urgeschichte von Mecklenburg', 'Meine Vaterstadt Stavenhagen', 'Woans ick tau 'ne Frau kamm', 'Die drei Langhänse', Polterabendscherze, Gelegenheitsgedichte, Fragmente, zahlreiche Briefe, auch von seiner Frau und seinen persönlichen Bekannten; ferner aus Mobilien und Kleinodien, z.B. Reuters Wiege, Schreibsekretär (schon vom alten Bürgermeister benutzt), Zeichenbrett, Zigarrentisch, Pfeifen, Leinenzeug, von Reuters Mutter gesponnen, und hunderterlei Reliquien und Raritäten wie Fritz und Luise Reuters Haarlocken, Busennadel, Brosche, Federhalter, Messer, Becher u.s.w. – Dazu eine Kollektion der verschiedenen Ausgaben seiner Werke.[35]

Abbildung 3: Reutertruhe

---

[35] LHAS, 5.2-1 Kabinett III, Nr. 4745.

Dafür hatte Gaedertz nach eigenen Angaben im Laufe der Jahre etwa 50.000 Mark aufgewendet.[36] Zu dieser Summe erzählte Gaedertz später Langfeld eine Geschichte, die sich einige Jahre zuvor zugetragen haben soll. Danach habe er auf einer Reise mit einem Herrn gesprochen und ihm vom Wert der Sammlung erzählt.

Einige Tage darauf (sei) im ‚Eikboom' eine höhnische Notiz erschienen, in der ausgeführt worden, er hoffe sehr schlau, seine alten Scharteken dem Großherzog für 50000 M zu verkaufen; damit werde er aber kein Glück haben.[37]

Für seine zukünftige Tätigkeit in Schwerin forderte Gaedertz für sich als Entlohnung für die Leitung des Museums 3.000 Mark Jahreshonorar, 1.500 Mark für Reise und Repräsentation und eine freie Wohnung im Museum. Nach seinem Ableben erst sollte die Sammlung an den Staat fallen und für die Witwe dann eine Rente von 1.500 Mark gezahlt werden. Diese Ausgaben sollten teilweise durch die Eintrittseinnahmen, Schenkungen, Vermächtnisse und Legate – Gaedertz:

Ich rechne dabei speziell auf die begüterten Deutschen in Amerika – gedeckt werden. Außerdem war sich Gaedertz sicher, *daß ein anderer Gelehrter für solche Vergütung schwerlich eine seine beste Zeit und Kraft absorbierende Stelle übernehmen könnte.*[38]

All das und die Persönlichkeit des Professors führten zu erheblichen Bedenken im Ausschuss. Friedrich Franz IV. schrieb dagegen am 17. Juni 1906 aus Bad Kissingen an Otto von Wickede:

Die Bedingungen und Forderungen des Gaedertz finde ich <u>nicht zu bescheiden</u>. [...] Ich bin also nach wie vor der Ansicht, daß das Museum <u>mit</u> Gaedertz Sachen zu gründen ist, daß <u>er</u> der Leiter der Einrichtung ist. [...] Das Unternehmen ist durch <u>private Sammlungen</u> zu gründen unter zu erstrebenden Beihilfen des Landtages und der Regierung, und das zukünftige Museum unter die <u>Aufsicht</u> des Kunstministeriums zu stellen.[39]

Mit diesen Erkenntnissen und Ergebnissen befasste sich die Ausschusssitzung am 27.6.1906. Gegen eine Stimme wurde beschlossen,

---

[36] Ebd.

[37] LHAS, 5.12-7/1MfU, Nr. 6907.

[38] LHAS, 5.2-1 Kabinett III, Nr. 4745.

[39] Ebd.

*daß die Errichtung eines Museums ohne die Gaedertzsche Sammlung
nicht möglich sei, und [...] daß die sachlichen Gründe für die Errichtung des
Museums mit der Gaedertzschen Sammlung als Grundstock die Bedenken
überwögen, welche man aus dessen Persönlichkeit gegen eine Beteiligung an
der Einrichtung und Verwaltung des Museums herleiten könne.*

Weiter wurde festgestellt, dass der Magistrat von Schwerin einen Be-
schluss zur unentgeltlichen Überlassung eines Bauplatzes gefasst habe.
Schlechte Nachrichten wurden aus Weimar notiert. Von Dr. Langfeld war eine
Anfrage an die Schillerstiftung gegangen. Das Goethe-Schiller-Archiv, das die
Manuskripte verwaltete, antwortete darauf, dass es nicht in der Lage sei, die
Manuskripte herauszugeben, da sie seinerzeit von Luise Reuter der Großherzogin Sophie von Sachsen-Weimar-Eisenach geschenkt worden seien, und von
dieser wiederum dem Schillerarchiv übergeben wurden. *Die betr. Akten seien
noch nicht auffindbar gewesen*, aber die Schenkung durch die Großherzogin
belegt.[40] Staatsminister Dr. Rothe aus Weimar hatte auch schon an Herzog
Johann Albrecht am 9. Juni 1906 geschrieben und bestätigt, dass zwar die Manuskripte Reuters im Goethe-Schiller-Archiv lägen, das damals unter der Leitung des Geheimen Hofrats Bernhard Suphan stand, aber nach dort zum dau-
ernden Besitz übergeben wurden.

*Inzwischen ist die Angelegenheit auch von Eisenach aus, wo sich der
Lokalpatriotismus wegen des dortigen Reutermuseums mächtig regt, zum Gegenstand von Preßerörterungen gemacht worden. [...] Außerdem trägt der
Eifer, mit dem die beiden Herren die Sache und ihren Standpunkt vertreten
[Gaedertz und Suphan – W.K.], auch noch das seinige dazu bei, die Situation
zu erschweren, da die persönlichen und literarischen Beziehungen zwischen
ihnen schon ohnehin keine freundlichen zu sein scheinen.*[41]

Das Reuter-Museum in Eisenach existierte bereits seit 1895 und musste
sich ebenfalls durch eine solche Konkurrenzsituation angegriffen fühlen.

Angeregt wurde dann im Schweriner Ausschuss am 27. Juni 1906, den
geplanten Aufruf zur Sammlung von Geldern für den Museumsbau außer den
bekannten Honoratioren des Landes auch auf die Landräte und die mecklenburgischen Reichstagsabgeordneten *(mit Ausnahme der Sozialdemokraten)*
auszudehnen. Johann Albrecht ging in seinen Überlegungen, Sponsoren zu
finden, noch weiter und griff offenbar die Überlegungen von Gaedertz auf:

---

[40] LHAS, 5.12-7/1MfU, Nr. 6907.

[41] LHAS, 5.2-1 Kabinett III, Nr. 4745.

Hinsichtlich der Beteiligung der Deutschamerikaner führte Se[ine] Ho-
heit aus, daß nach Ansicht des früheren deutschen Gesandten in den
V[e]r[einigten] Staaten, von Holleben, und eines New Yorker Professors, den
Er kürzlich gesprochen habe, der deutsche Generalkonsul Geh[eime]
Leg[ations-]Rat Bünz zu New York die geeignete Persönlichkeit [...] sei.[42]

Die Existenz des Museums in Schwerin und die öffentliche Zugänglich-
keit der Sammlung wurde aber einstimmig als notwendige Voraussetzung be-
trachtet, um überhaupt Sponsoren einwerben zu können. Dazu müsste aber das
Land über die Sammlung allein verfügen können. Die zweite entscheidende
Voraussetzung für das Museum – ein Gebäude – war damit auch noch nicht in
Sicht.[43]

Unabhängig davon unternahm Gaedertz noch einmal einen Versuch zu
einer Audienz in Neustrelitz, um die Angelegenheit zu beschleunigen. Doch
das Telegramm vom 27. Juni 06 enthielt eine Absage: *s.k.h. der großherzog*
verreisen heute und bedauern daher, ew. hochwohlgeboren nicht empfangen zu
können.[44]

Adolf Langfeld kam die Aufgabe zu, die Schweriner Problemlage an
Gaedertz mitzuteilen, der sich gerade mit seiner pflegebedürftigen Mutter aus
Lübeck nach Putbus zur Erholung begeben hatte.[45] Am 29. Juni 1906 hatte
Langfeld die auf höchster Ebene besprochenen Bedingungen abgesandt. Am 6.
Juli schickte er eine Erinnerung wegen der Antwort. Doch Gaedertz war von
diesem Brief aus Schwerin schwer getroffen. Das hatte er sich anders vorge-
stellt. Er hatte sich schon in der Residenzstadt mit seiner Sammlung an einem
prominenten Platz in einem repräsentativen Gebäude und einem guten Salär
gesehen. Seinen Freunden teilte er seine Enttäuschung mit. Otto Weltzien
schrieb ihm dazu am 2. Juli aus Rostock auch wenig Ermunterndes:

Man muss sich bei dem vorliegenden Plan immer gegenwärtig halten,
daß die Ansicht, Mecklenburg müsse so etwas haben, nicht allgemein geteilt
wird. Es gibt im Gegenteil, wie Sie ja auch wissen, verschiedene Läger. Sogar
auf plattdeutschem Boden! Wenn ich nicht sehr irre, (ich habe sehr bestimmte

---

[42] LHAS, 5.12-7/1MfU, Nr. 6907.

[43] Ebd.

[44] AHL, Familienarchiv Gaedertz, Nr. 154.

[45] LHAS, 5.12-7/1MfU, Nr. 6907.

Gründe für meine Annahme), wird auch der Plattdeutsche Verein <u>*nicht*</u> *für eine Unterstützung des Planes zu haben sein.*[46]

Trotzdem schrieb Gaedertz (zwar verstimmt, aber immer noch nicht ganz hoffnungslos) am 18. Juli 1906 aus Putbus:

Nach dem huldvollen Empfang bei Seiner Königlichen Hoheit dem Großherzoge von Mecklenburg-Schwerin glaubte ich hoffen zu dürfen, daß, wenn kein eignes Haus, doch Grund und Boden für das Reuter-Museum geschenkt werden würde. Könnte das Kommitté mit dieser Thatsache an die Oeffentlichkeit treten, zugleich mit der Bekanntmachung einer beträchtlichen Geldbewilligung für den Bau von seiten des Magistrats, im Hinblick auf den Vortheil, den die Residenz Schwerin durch den Fremdenzufluß davon haben dürfte, dann würde der Aufruf sofort auf fruchtbaren Boden im deutschen Volksgemüthe fallen.[47]

Am 17. August 1906 verhandelten dann Gaedertz und Langfeld in Schwerin die ganze Angelegenheit persönlich. Langfeld, der häufig in schwierigen und heiklen Verhandlungen für das Land eingesetzt wurde, verlangte noch einmal die sofortige Übergabe der Sammlung in das Eigentum des Landes Mecklenburg-Schwerin als Grundvoraussetzung, um dann mit einem Aufruf an die Öffentlichkeit gehen zu können. Gaedertz wiederholte seine Forderungen, wobei die Summe für Reise und Repräsentation auf 2.000 Mark stieg. Bei Zusicherung dieser Forderungen bzw. einer Garantieerklärung in diesem Sinne durch die Regierung oder die Stadt Schwerin wäre er bereit, bereits das Eigentum mit dem Vorbehalt des Gewahrsams in seiner Obhut und der Verwertungsrechte bzw. Auswertungsrechte zu übertragen. Zur Anfertigung eines detaillierten Inventars sah sich Gaedertz außerstande:

Die 1000 verschiedenen Gegenstände sind in Kisten und Kasten verpackt und nur zu ordnen, wenn mir dazu Räume zur Verfügung gestellt werden.

Ein Inventar würde Monate erfordern. Auf ein gemeinsames Ergebnis konnten die beiden Herren sich nicht einigen. Langfeld sagte schließlich zu, den Stand der Verhandlungen dem geschäftsführenden Ausschuss vorzutragen und die Entscheidung mitzuteilen. Gaedertz erklärte sich bereit, die wichtigsten Stücke in seiner Greifswalder Wohnung vorzuführen. Das Ganze wurde in Gestalt eines Verhandlungsprotokolls von beiden unterzeichnet.[48]

---

[46] AHL, Familienarchiv Gaedertz, Nr. 154.

[47] LHAS, 5.12-7/1MfU, Nr. 6907.

[48] LHAS, 5.2-1 Kabinett III, Nr. 4745.

Die Eröffnung des Museums wurde trotzdem weiterhin optimistisch für den 7. November 1910, den 100. Geburtstag Reuters, ins Auge gefasst. Man befand sich ja erst im Jahre 1906.

In den Medien ging die Auseinandersetzung um die Frage, Reuter in Eisenach oder Reuter in Schwerin, weiter. Dr. Lüttgens von der Mecklenburgischen Zeitung schrieb deshalb an Gaedertz am 20. August 1906:

Ich lese das Nebenliegende eben im Hamburger Correspondenten. Ich finde die Unterscheidung von Provinz (Schwerin) und Centrum (Weimar) geradezu albern. [...] Wollen Sie nicht eine Entgegnung loslassen.[49]

Doch der hatte gerade andere Probleme. In einer Aktennotiz vom 23. August 1906 von Adolf Langfeld für seine Kollegen im Staatsministerium ist zwischen den Zeilen die Hilflosigkeit in dieser verfahrenen Situation zu lesen:

Seine Königliche Hoheit der Großherzog haben die Übernahme des Protektorats über dieses Unternehmen gnädigst in Aussicht gestellt und die Bildung einer dasselbe fördernden Kommitte veranlaßt.

Damit verdeutlichte er den Rang der Angelegenheit. Auch Langfeld selbst war ein Verfechter der Museumsidee für Schwerin. Problematischer Hintergrund blieb allerdings die Frage einer Garantieerklärung an Gaedertz für seine Finanzierungswünsche:

Die Stadt Schwerin wird nach Mitteilung des Bürgermeisters Burgmann sich auf diese Garantie schwerlich einlassen. Auch (die) Großherzogliche Renterei dürfte sie nicht übernehmen können.

Deshalb erfolgt eine Anfrage an die beiden weiteren Mitglieder des Staatsministeriums, Staatsminister Karl Graf Bassewitz-Levetzow, als Chef der Behörde, und Staatsrat Adolf von Pressentin, ob a) aus der Landessteuerkasse vielleicht ein einmaliger Betrag dem Komitee zur Verfügung gestellt werden könnte, oder ob b) aus dieser Kasse eine feste Unterstützung für eine Reihe von Jahren möglich sei.[50] Von Pressentin notierte nach Durchsicht aller Unterlagen dazu,

daß für die Verwaltung eines Reutermuseums mir ein eigener Direktor unnötig erscheint. Ein Kastellan wird genügen unter einer nebenamtlichen Oberleitung. [...]. Den Platz am Ende der Kloster und Beaugencystraße hatte ich für den Bau des Staatsarchivs, der wohl notwendig wird, ins Auge gefaßt; jedenfalls erscheint es mir notwendig, diesen Platz in der Nähe der Regierungsgebäude für Staatszwecke zu reservieren.

---

[49] AHL, Familienarchiv Gaedertz, Nr. 154.

[50] LHAS, 5.12-1 Staatsministerium, Nr. 744.

An anderer Stelle notierte er: *Es erscheint mir schwierig, ja fast unmöglich, hier eine feste, rechtlich unanfechtbare Basis zu finden, was wiederum in Rücksicht auf die Persönlichkeit des Professor Gaedertz notwendig erscheint.*[51] Graf Bassewitz legte am 26. August 1906 einen Termin für eine Besprechung fest, *nachdem die Mitglieder des Staatsministeriums vom Urlaub zurückgekehrt sein werden.*"[52] Das Protokoll der Besprechung der drei höchsten Regierungsvertreter Mecklenburg-Schwerins weist dann den 27. September 1906 aus. Das Staatsministerium war insbesondere als Verbindungsbehörde zu den Landständen tätig. Dahin zielte auch die Frage in der Besprechung. Das Ergebnis war wenig optimistisch:

1. Es ist ausgeschlossen, den Ständen eine Vorlage zu machen [...], denn die Stände würden die Vorlage schon wegen der Unfertigkeit des Projekts, vielleicht auch wegen der Verbindung mit der Person des Professor Gaedertz, ablehnen. 2. Es erscheint als unwahrscheinlich, daß durch die in Aussicht genommene Sammlung soviel Mittel zusammen kommen würden, daß die Kommitte einen so umfangreichen Museumsbau [...] werde errichten [...] können. [...] Nach Ansicht des Staatsministeriums, könne es sich deshalb nur empfehlen, [...] diese [Sammlung] dem Professor Gaedertz abzukaufen.

Das Geld sollte aus Spenden zusammengetragen werden. Personal- und Wohnungskosten könnten dann wegfallen.[53] Immer wieder klang durch: Ein Museum ohne Gaedertz sei möglich – mit ihm eher nicht.

In Zusammenfassung dieser Überlegungen schrieb Langfeld am 23. 1906 ultimativ an Gaedertz und bot ihm als letzte Möglichkeit den Ankauf der Reuter-Sammlung an. Die Antwort kam aus Wien:

Ich kann darauf nur den Ausdruck meines aufrichtigen, schmerzlichen und tiefsten Bedauerns kund geben. Für Geld ist mir meine Reuter-Sammlung nicht feil. [...] Schade, daß das schöne, von mir so sehr geliebte Land Mecklenburg seinem größten Dichter dies dauernde Denkmal – was sind dagegen Statuen! – nicht setzen kann.

Mit den Statuen spielte Gaedertz auf den Plan an, Reuter in Stavenhagen 1910 ein Denkmal setzen zu wollen.[54]

---

[51] Ebd.

[52] Ebd.

[53] Ebd.

[54] LHAS, 5.12-7/1MfU, Nr. 6907.

In einem G(roßen) P(ro) M(emoria) teilte Langfeld allen von mecklen-burgischer Seite bisher Beteiligten am 8. November 1906 das Scheitern des Plans mit:

Hierdurch dürfte bedauerlichst von weiteren Verhandlungen mit dem Professor Gaedertz <u>zurzeit</u> ein Erfolg nicht zu erhoffen sein und wird abgewar-tet werden müssen, daß dieser – etwa nach vergeblichen Versuchen, seinen Zweck anderwärts unter günstigeren Bedingungen zu erreichen – uns andere Vorschläge macht.

Das sah auch Johann Albrecht ein und schrieb noch am selben Tag an Langfeld: *Es ist schade, daß Ihr schöner Plan ins Stocken gekommen ist, doch theile ich Ihren Bericht, daß nach den Briefen des Gaedertz zur Zeit nichts anderes übrig bleibt.*[55]

Im bedauernden abschließenden Brief an Gaedertz ließ Langfeld dann aber doch noch einen kleinen Hoffnungsschimmer durchblitzen, denn die Reu-ter-Sammlung wollte er eigentlich sehr gern nach Schwerin holen:

Gleichwohl wird er [der Ausschuss – W. K.] *den Gedanken der Errich-tung eines Reuter-Museums in hiesiger Stadt weiter im Auge behalten.*[56]

Eine vorläufig letzte Aktennotiz von Langfeld datiert vom 16. Januar 1907 und war an die beiden anderen Herren im Staatsministerium gerichtet:

Der Professor Gaedertz hat den Vorschlag des geschäftsführenden Aus-schusses für die Errichtung eines Reuter-Museums in Schwerin, ihm seine Sammlung von Reuterandenken zu verkaufen, abgelehnt.[57] Damit schien die Angelegenheit für Mecklenburg erledigt.

Im August 1907 unternahm Gaedertz erneut Versuche einer Annäherung an Eisenach und das Museum zur Übertragung der Sammlung. Am 15. Sep-tember 1907 teilte ihm der Eisenacher Oberbürgermeister mit, dass *für die Abtretung der Reuter-Villa behufs alleiniger Unterbringung des Reuter-Museums ein Betrag von 120.000 M. gefordert werden müsse.* Das Geld sei notwendig für einen Neubau, um dann dort das Wagner-Museum unterzubrin-gen. Unterstützung für diesen Kauf suchte Gaedertz auch wieder bei der Reichskanzlei.[58] Eine Antwort von dort ist nicht überliefert. Die Sache verlief im Sande.

---

[55] Ebd.

[56] Ebd.

[57] LHAS, 5.12-1 Staatsministerium, Nr. 744.

[58] AHL, Familienarchiv Gaedertz, Nr. 154.

Einen erheblichen Sammlungszuwachs versprach sich Gaedertz noch einmal beim Ableben der Schwester von Luise Reuter, Emma Kuntze, in Wismar. Er hatte Emma Kuntze schon lange belagert und verlangte nach ihrem Tod 1908 ultimativ die Herausgabe von Reuter-Hinterlassenschaften. Der Anwalt der Familie lehnte aber die Herausgabe ab mit der Begründung:

Nach durchaus glaubwürdiger Aussage des langjährigen Hausarztes Dr. Böckel [beabsichtigte] die Verstorbene keineswegs diese Gegenstände Ihnen zu überlassen. Sie hat offensichtlich das Reuter-Museum Zustandekommen abwarten wollen.[59]

Dr. Böckel erklärte dann auf Bitten der Erben von Emma Kuntze noch einmal schriftlich:

Fr[äu]l[ein] Kuntze hat mir wiederholt erklärt, daß sie Familienbilder und, was sonst an Reuter erinnere, nach ihrem Ableben für ein Reuter-Museum bestimmt habe. Sie hat mir ferner mehrfach ihren Unwillen ausgesprochen, daß Herr Prof. Gaedertz auf der Rückseite solcher Bilder die Worte ,gestiftet für Herrn Professor Gaedertz' vermerkt hat.[60]

An diesem Beispiel ist noch einmal deutlich, dass das Reuter-Museum durchaus viele Sympathisanten hatte, aber eben nicht unbedingt in der Verbindung mit Prof. Gaedertz.

Am 5. März 1909 meldete sich Gaedertz mit einem Brief tatsächlich noch einmal bei Langfeld in Schwerin:

Inzwischen habe ich meine ganze Kraft auf die Vermehrung meiner Reutersammlung verwandt, im festen Vertrauen, daß doch noch zum hundertsten Geburtstage des großen mecklenburgischen Heimatdichters, 7. November 1910, die Eröffnung des ihm geweihten Museums in der Landeshauptstadt möglich werde.[61]

Gaedertz hatte Anlass zu diesem neuen Anlauf in Schwerin, weil sein Hauswirt in Greifswald ihm die Wohnung am Markt 12 zum Oktober des Jahres gekündigt hatte. Dort befand sich die gesamte Reuter-Sammlung.

So gedenke ich ev[entuell] nach Schwerin überzusiedeln, und dort einstweilen ein Reutermuseum im Kleinen dem Publikum zugänglich zu machen, falls mir dazu fürs erste 4-5 Zimmer, etwa in einem großherzoglichen

---

[59] AHL, Familienarchiv Gaedertz, Nr. 162.

[60] Ebd.

[61] LHAS, 5.12-7/1MfU, Nr. 6907.

Gebäude, umsonst überlassen werden, sowie die nötigen Mittel zur Anschaffung der Schaukästen, Schränke, Einrahmungen Dekoration usw.[62]

Der Professor war kleinlaut geworden. Am 8. März 1909 schrieb Dr. Langfeld an Kabinettsrat von Wickede:

Professor Gaedertz ist laut Anlagen wieder mobil geworden [...] Nach meiner persönlichen Ansicht dürfte es schwer halten, Räume in einem Offizialgebäude für die Sammlung ausfindig zu machen.[63]

Die Aussichten auf Erfüllung dieser Wünsche waren tatsächlich nicht besonders günstig, doch vorsorglich holte Langfeld aber schon einmal Informationen über eventuelle Kosten für die Einrichtung des Museums bei Prof. Dr. Willi Ude in Rostock ein, der mit der dortigen Abteilung der Kolonialgesellschaft ein Kolonialmuseum eingerichtet hatte. Doch Ude konnte nicht helfen, da die Ausstattung nicht gekauft worden war, sondern aus Spenden stammte.

An Gaedertz schrieb Langfeld nach Rücksprache im Staatsministerium, dass er die Rückkehr des Großherzogs in etwa einem Monat abwarten müsse und sich dann wieder melden würde. Doch das dauerte Gaedertz zu lange. Sofort nach dem Erhalt des Briefes von Langfeld schrieb er in seiner ungeduldigen Art an Herzog Johann Albrecht. Der war in der Zwischenzeit Herzogregent in Braunschweig und konnte sich nur wenig um die mecklenburgischen Belange kümmern. Das wusste Gaedertz zwar, aber er wollte noch einmal alle Register ziehen und sandte seinen Brief am 12. März 1909 deshalb auch gleich nach Braunschweig.

Sollte der Mangel an Räumen in einem großherzoglichen oder obrigkeitlichen Gebäude das Hindernis bilden, so ließe sich die Sammlung in unseren Zimmern meiner zukünftigen Wohnung, etwa abgesondert in einer unteren Etage, aufstellen und dort zu bestimmten Stunden offen halten. Freilich müßte ich dann ein Haus in hervorragend guter, verkehrsreicher Lage ins Auge fassen und die Gewährung eines Wohnungsgeldzuschusses wünschen.[64]

Nach der Rückkehr des Großherzogs legte Staatsminister Langfeld am 6. April 1909 wieder ein Großes Pro Memoria vor, aus dem noch einmal die Vorgeschichte der vergangenen Jahre und der Wunsch des Landesherrn hervorging. Schließlich fasste er zusammen, dass von Seiten des Landes kein

---

[62] Ebd.

[63] LHAS, 5.2-1 Kabinett III, Nr. 4745.

[64] LHAS, 5.12-7/1MfU, Nr. 6907.

Gebäude vorhanden sei, aber die Stadt vielleicht etwas finden könne; und dass auch immer noch kein Geld vorhanden sei, aber der wiederbelebte Ausschuss vielleicht eine öffentliche Sammlung ins Leben rufen könne.

Seine Königliche Hoheit bezeichneten es jedoch als erwünscht, daß tunlichst der Versuch gemacht werde, eine Zerstreuung der Sammlung zu verhindern und sie in Schwerin zu erhalten. [65]

Aus Braunschweig ließ Johann Albrecht über seinen Hofmarschall mit Blick auf den Schweriner Magistrat am 14. April 1909 aufmunternd mitteilen,

daß eine weitblickende Stadtvertretung die großen Vorteile, welche ein solches Museum der Stadt Schwerin bringt, richtig einschätzen [...] wird. Außerdem ließ er noch den Gedanken in Erinnerung bringen, *auch die Sammlung solcher Gegenstände ins Auge zu fassen, aus denen ein vaterländisches Museum mit der Zeit entstehen würde und zwar in der Erwägung, daß es außerordentlich wünschenswert ist, möglichst bald zu einer Sammelstelle für alle interessanten Gegenstände von mecklenburgischer Art zu erhalten.* [66]

Der Ausschuss tagte am 26. April 1909. Die Herren Langfeld, von Wickede, Burgmann, Grotefend und Schröder waren zugegen. Herr Ministerialrat Krause führte das Protokoll. Es wurden die bekannten Punkte noch einmal alle durchgesprochen und schließlich der entscheidende Satz eingefügt: *Herr Bürgermeister Burgmann erklärte, daß auch die Stadt Schwerin nicht im Besitz disponibler Räume sei.* Langfeld solle Gaedertz noch einmal das Angebot zum Ankauf der Sammlung machen. Das erfolgte noch am selben Tag. [67]

Bereits einen Tag darauf stand Gaedertz offenbar aufgebracht und unangemeldet bei Langfeld in der Tür und machte seiner Enttäuschung Luft. Langfeld hielt das Ganze, um Sachlichkeit bemüht, in einer Aktennotiz fest. *Er [Gaedertz – W. K.] könne nur lebhaft bedauern, daß ihm auch die geringe Unterstützung [...] nicht gewährt werden könne.* Vom Landtag habe es damals angeblich kein Interesse gegeben, aber er habe doch angeboten, die Herren mit seinen Sammlungsstücken vertraut zu machen, und jetzt würde der Landtag sogar 10.000 Mark für ein Denkmal in Stavenhagen aufbringen. Fazit der Aktennotiz war:

Ein Verkauf der Sammlung sei für ihn nach wie vor gänzlich ausgeschlossen. [...] Als Ergebnis wurde beiderseits festgestellt, daß die Angelegen-

---

[65] Ebd.

[66] Ebd.

[67] Ebd.

heit auf der selben Stelle geblieben sei, auf der sie sich seit dem Abbruch der Verhandlungen im Jahre 1906 befunden.[68] Damit war das Reuter-Museum für Schwerin endgültig gescheitert.

In Berlin, wohin er in der Zwischenzeit übergesiedelt war, gelang es Gaedertz 1910 durch die Beteilung von Geschäftsleuten und Reuter-Freunden im Künstlerhaus in der Bellevuestraße eine Ausstellung zum 100. Geburtstag Reuters zu veranstalten, die erheblich durch seine Sammlung geprägt war. In seinem kleinen gedruckten Ausstellungsführer sprach er den Wunsch aus, dass die gezeigten Stücke „Bausteine für ein künftiges Reutermuseum" sein sollten. Gleichzeitig rief er zur Übergabe von Erinnerungsstücken für seine Sammlung auf.[69] Die Ausstellung wurde anschließend noch im Preußischen Abgeordnetenhaus gezeigt und hatte eine beachtliche Öffentlichkeit.[70] Dort hatte Gaedertz auf dem Schreibsekretär Reuters ein Buch mit der gereimten Aufforderung ausgelegt:

Setzt, Freunde euch, an Reuters Pult, tragt ab hier eine Ehrenschuld. Wenn euch gefällt, was rings ihr seht, daß sein Museum draus entsteht! So jung as old, man ümmer 'ran, un gew jedein' all wat hei kann!

Ziel sollte ein Reuter-Nationalmuseum sein, wobei der Ort für diese Institution offen blieb.[71]

Am 8. Juli 1912 starb Prof. Dr. Karl Theodor Gaedertz im Alter von erst 57 Jahren an einer Brustfellentzündung. Die Mecklenburgische Zeitung fand nur lobende Worte über ihn:

Man kann sagen, er hat den ganzen Lebensweg Reuters nachgelebt, alle Stätten aufgesucht, die Reuter je betrat. Er forschte nach [Reuters] Freunden und ließ sich von Reuter erzählen, zog Urkunden und vergessene Briefe ans Tageslicht, fand alte Zeichnungen Reuters und studierte selbst die Geschichte von Reuters Vorfahren.[72]

Auch in Rostock erschienen würdigende Worte: Er *nahm nach 25jähriger Dienstzeit seinen Abschied. Seitdem widmete er sich in Greifswald lebend ausschließlich seinen der Fritz Reuterforschung gewidmeten wissen-*

---

[68] Ebd.

[69]GAEDERTZ, Karl Theodor, Erzählender Führer durch die Fritz-Reuter-Ausstellung im Künstlerhause zu Berlin, Berlin 1910, S. 31 f.

[70] LHAS, 5.2-1 Kabinett III, Nr. 4745.

[71] MZ vom 5.10.1910.

[72] MZ vom 9.7.1912.

schaftlichen Arbeiten.[73] Mit keinem Wort wurden die gescheiterten Schweriner Museumspläne erwähnt. Langfeld schrieb einen längeren Beileidsbrief, wohl in der Hoffnung, nun mit der Witwe über einen Kauf verhandeln zu können. Als Antwort kam aber lediglich eine gedruckte Danksagung.[74]

Der Verbleib der Sammlungen ist nicht in allen Punkten klar. Die schriftlichen Hinterlassenschaften von Gaedertz wurden in den 1930er Jahren durch seine Witwe an das Archiv der Hansestadt Lübeck übergeben und sind seit 1952 zugänglich.[75] Teile der Reuteriana gelangten um 1924 nach Neubrandenburg und wurden 1945 bei der Einnahme der Stadt durch die Rote Armee überwiegend vernichtet.[76]

Abbildungsnachweis

Abbildung 1
Luise und Fritz Reuter 1863, aus: Adolf Wilbrandt, Fritz Reuters Werke, Berlin um 1910 (Repro: Wolf Karge)

Abbildung 2
Porträt Theodor Gaedertz um 1910 (Repro: Fritz-Reuter-Literaturmuseum Stavenhagen)

Abbildung 3
Deckel der Truhe, in der Theodor Gaedertz Manuskripte und Briefe Reuters aufbewahrte, heute im Regionalmuseum Neubrandenburg (Foto: Wolf Karge)

---

[73] RZ vom 10.7.1912.

[74] LHAS, 5.12-7/1MfU, Nr. 6907.

[75] AHL, Familienarchiv Gaedertz.

[76] Auskunft Dr. Rolf Voß, Regionalmuseum Neubrandenburg.

Vom Wachsen, Werden und Kämpfen
um die Bewahrung und Verbreitung des Thünenerbes

VON ANGELA ZIEGLER

Jede Geschichte – und sei sie auch noch so klein im Vergleich zum großen Ganzen – ist geprägt von Wandel und Veränderung, von objektiven Erscheinungen und subjektiven Faktoren, die Entwicklungen positiv und leider auch negativ beeinflussen. Das Engagement eines Einzelnen kann unter Umständen eine ebenso große Bedeutung erlangen, wie z.b. der Wechsel einer Regierung oder gar der Übergang zu einer anderen Gesellschaftsordnung.

In den 41 Jahren des Wachsen und Werdens vom Thünen-Museum-Tellow spiegelt sich all dies beispielhaft wider: die 1970er und 1980er in der Deutschen Demokratischen Republik, die politische Wende mit neuen Möglichkeiten – und neuen Grenzen.

Die Pflege und Bewahrung des Thünenerbes gehört zur Geschichte des Landes Mecklenburg-Vorpommern. Sie beginnt eigentlich schon mit dem Tod Thünens vor 163 Jahren, spätestens aber mit der Übergabe des wissenschaftlichen Nachlasses von Thünens an das Staatswissenschaftliche Seminar der Universität Rostock durch Hermann Schumacher (1827-1904), der von Ludwig <u>Alexander</u> von Thünen (1845-1916) dazu bevollmächtigt wurde. Der letzte von Thünen auf Tellow hatte das Gut 1896 an die Freiherren von der Kettenburg (Matgendorf) verkauft und trennte sich 1901 auch von dem ererbten wissenschaftlichen Nachlass seines weltbekannten Großvaters[1]. Das Gut Tellow wurde 1926 an Ulrich Alwardt verkauft, der bis 1945 Eigentümer blieb und dort vorteilhaft wirtschaften konnte.

Zu eben dieser Zeit wirkte einer der bedeutendsten deutschen Thünenforscher bereits als Direktor des Thünen-Archivs an der Rostocker Universität: Asmus Petersen bemühte sich unter schwierigen gesellschaftlichen Bedingun-

---

[1] MANKE, Matthias: Die Gründung des Rostocker Thünen-Archivs und ihre Protagonisten. In: 100 Jahre Thünen-Archiv an der Rostocker alma mater 1901 – 2001. Rostock/Tellow 2002 (Tellower Thünen-Schriften; 2), hier S. 8 f.

gen eines sich nach 1945 neu formierenden Staates beispielhaft um eine angemessene Thünen-Rezeption.[2]

Abbildung 1
Das Tellower Gutshaus um 1921. Foto: Archiv Thünen-Museum-Tellow

Die Bedeutung Tellows als Ursprungsort des Thünenerbes hatte er tief verin-
nerlicht: *Für die wissenschaftliche Welt ist der Boden, auf dem Thünen seine
Untersuchungen durchführte, klassisch, und mancher große Gelehrte vergoss
schon Tränen, als er den klassischen Boden von Tellow zum ersten Male betrat.*[3]

     Vor diesem Hintergrund verlor Asmus Petersen die Entwicklung des
Thünengutes nie aus seinem Blickfeld. Nach Alwardts unfreiwilligem Weg-
gang aus Tellow war das Thünengut sprichwörtlich verwaist. Die 465 zum Gut
gehörenden Hektar Land waren in zunächst 36 Neubauernstellen aufgeteilt

---

[2] VIERECK, Gunther: Johann Heinrich von Thünen: ein Klassiker der Nationalökonomie im
Spiegel der Forschung, Hamburg 2006, S. 207 ff.

[3] PETERSEN, Asmus: Ansprache im Tellower Park. 1948 (unveröffentlicht; Archiv Thünen-
Museum-Tellow).

worden. Nach dem Ende des Zweiten Weltkriegs mit all seinem Leid und der Existenznot in den darauffolgenden Jahren spielte die Bewahrung des Thünenerbes in Tellow für die Region keine Rolle mehr. Asmus Petersen wünschte sich als einer der Wenigen, die sich noch für die Pflege und Bewahrung des Erbes einsetzten, dass das kleine Dorf 40 km südlich von Rostock eine dem Genius Thünens angemessene Würdigung erfahren könnte.

Ein *sozialistisch aufgebauter Großbetrieb in Fortentwicklung der Thünenschen Anteilwirtschaft*[4] schwebte ihm vor; leider stand dem aber die negative Bewertung Thünens in der jungen sozialistischen DDR als „kapitalistischer Junker" im Wege und ließ Petersen mit seinen Bemühungen scheitern. 1957 wurde er zum Direktor des Instituts für Grünland- und Moorforschung Paulinenaue berufen und entfernte sich nach dem Niedergang der durch ihn initiierten „Neuen Rostocker Thünenforschung" tief enttäuscht auch räumlich von Rostock und Tellow.[5]

Abbildung 2
Prof. Dr. Asmus Petersen (1900 – 1962) war von 1943 bis 1955 Ordinarius für Landwirtschaftliche Betriebslehre, Direktor des Thünen-Archivs und 1952 Prodekan der Landwirtschaftlichen Fakultät an der Rostocker Universität. Thünen-Museum Tellow

---

[4] Ebd.

[5] VIERECK (wie Anm. 2), S. 233 f.

Die Entwicklung des Thünengutes entsprach also nicht der internationalen Reputation des Pioniers der Marktwirtschaft. Dies änderte sich erst im Jahre 1969, wiederum durch das Engagement eines Einzelnen: Rolf-Peter Bartz kam in diesem Jahr als Lehrer nach Gottin und Matgendorf. Er wusste um die Bedeutung des kleinen Dorfes und gründete bereits im August die Schülerarbeitsgemeinschaft „Natur- und Heimatforscher". Noch einen Monat vor Ende der Ferien begann die Gruppe, das langsam verfallende Gutsensemble mit genauso viel Enthusiasmus wie förderlicher Naivität zu retten.

Abbildung 3
Das Tellower Gutshaus 1971. Foto: Wilhelm Stolpe, Archiv Thünen-Museum-Tellow

Rolf-Peter Bartz mobilisierte die Tellower; er fand Helfer und Mitstreiter, die die Arbeit der Schüler AG und den Aufbau eines zunächst regionalgeschichtlichen Heimatmuseums aktiv unterstützten. Auf der Jubiläumsveranstaltung „40 Jahre Thünen-Museum-Tellow" 2012 erzählte er über die bewegte erste Zeit:

Ich wusste schon damals von der besonderen Bedeutung dieses Dorfes, das mit dem Wirken von Johann Heinrich von Thünen auf das Engste verbunden war. Wir wollten den weiteren Abriss von Gebäuden verhindern und hier ein Museum aufbauen! Doch womit? Alte, aus Holz gezimmerte Schulbänke wurden in den umliegenden Schulen ausrangiert. Wir holten sie hierher – mit dem Pferdewagen des Tellower Bauern Neumann und im nachfolgenden Winter sogar mit Rodelschlitten. In der jetzigen „Reuterstube" des Gutshauses begannen wir. An den Wänden hingen von nun an Bilder Thünens und Zeugnisse seines erfolgreichen Schaffens in Tellow. Auf den Schulbänken – wir hatten alte Tapeten darauf ausgerollt – stellten wir unsere ersten archäologischen Funde der Tellower Region aus. [6]

Abbildung 4
Rolf-Peter Bartz mit Mitgliedern der Arbeitsgemeinschaft „Natur- und Heimatforscher"
vor dem Tellower Gutshaus Foto: Archiv Thünen-Museum-Tellow

---

[6] BARTZ, Rolf-Peter: 40 Jahre Thünen-Museum-Tellow: Rede auf der Jubiläumsveranstaltung am 28.4.2013, in: Thünen-Jahrbuch 7 (2012), S. 207-213.

Die Gründung des Thünen-Museums fand durch einen Einberufungsbefehl von Rolf-Peter Bartz zum Dienst in der Nationalen Volksarmee überstürzt statt. Die Schüler versprachen ihrem Lehrer aber, sich in der Zeit seines erzwungenen Fernbleibens allein um das Museum zu kümmern. Als er 1974 zurückkehrte, hatte er aus NVA-Beständen gelben und blauen Fahnenstoff mitgebracht, der die Tapeten auf den Schulbänken ersetzte.

Abbildungen 5 und 6
Ausstellungsraum 1972 und 1975. Fotos: Archiv Thünen-Museum-Tellow

In der Region hatte sich das „Thünen-Museum-Tellow" einen Namen gemacht. Den ersten internationalen Besuch gab es bereits 1978, als Wissenschaftler aus Tokio den Wirkungsort Johann Heinrich von Thünens aufsuchten: Sie fanden inmitten eines sozialistischen Staates, der „Junkernwirtschaft" und das Privateigentum an Produktionsmitteln ablehnte, ein Museum für einen Gutsherrn vor – ein Museum, das von Kindern geführt wurde.

1983 war ein ganz besonderes Jahr für die ehemalige Wirkungsstätte des Agrar- und Wirtschaftswissenschaftlers: am 24. Juni[7] jährte sich Thünens Geburtstag zum 200. Mal. Die Thünenausstellung wurde anlässlich dieses Jubiläums mit den zur Verfügung stehenden bescheidenen Möglichkeiten völlig überarbeitet. Vier Räumen im Erdgeschoss des Gutshauses wurden zu diesem Zweck renoviert. Rolf-Peter Bartz holte auch etliche Exponate aus dem Thünen-Archiv der Universität Rostock, die ihm „zu treuen Händen" übergeben wurden. Diese Leihgaben bilden bis heute eine unverzichtbare Basis für die

---

[7] Das Kirchenbuch der Gemeinde Waddewarden von 1783 zeigt auf S. 127, Nr. 8, zwar den 25. Juni als Johann Heinrichs Geburtstag an, Thünen selbst feierte ihn aber stets schon einen Tag vorher, am Johannistag.

Thünenausstellung. Besonders die Thünenbüsten von Kaehler und Brunow[8] sowie z.B. auch die Holztafeln, die noch unter der Leitung von Asmus Petersen angefertigt wurden, bekamen ihren festen Platz im Gutshaus und später auch in der Thünen-Pogge-Begegnungsstätte.

Abbildung 7
Zeitungsbericht in „Der Demokrat", Presseorgan der CDU, 16. November 1976

Die Öffentlichkeit schaute längst interessiert auf die sich herausbildende Thünengedenkstätte. Dazu trug sicher wesentlich bei, dass sich das Geschichtsbild in der DDR langsam, wenn auch nur selektiv, zu ändern begann. Ein deutlicher Aufschwung war die Folge, das Thünen-Museum-Tellow hatte sich seinen festen Platz im Altkreis Teterow erobert. – Nach und nach wurden die Gebäude und Anlagen des Gutshofes instand gesetzt und einer musealen Nutzung zugeführt. Der einstige Pferdestall Thünens, der zu DDR-Zeiten noch als Schweinestall genutzt wurde, war stark baufällig und sollte abgerissen werden. Dies galt es unbedingt zu verhindern; fachliche Hilfe war nun unerlässlich geworden. Die fand Rolf-Peter Bartz bei dem späteren Geschäftsführer des Thünengutes Reinhard Balzer aus Teterow, der genug Handwerker für das Projekt begeistern und gewinnen konnte. In Feierabendarbeit wurde der Pferdestall ab September 1985 saniert und konnte somit gerettet werden. Ihren Anteil daran hatte auch

---

[8] Die Büste von Johann Heinrich Daniel Kaehler (1804 – 1878) entstand 1850 unmittelbar nach Thünens Tod auf Veranlassung des Mecklenburgischen Patriotischen Vereins; die 2. Büste fertigte Ludwig Brunow (1843 – 1913) anlässlich des 100. Geburtstages von Thünen 1883 an.

die Schülerarbeitsgemeinschaft: die Kinder reinigten jeden einzelnen Dach-
stein, denn die alten handgestrichenen Biberschwanzziegel sollten wieder ver-
wendet werden.

Abbildung 8
Thünenausstellung 1983 Foto: Horst Krüger aus Wendfeld bei Sanitz
1996 erster Vorsitzender des Museumsfördervereins

Es blieb zunächst noch einige Zeit bei der ehrenamtlichen Betreuung des Museums. 1988 wurde das Thünen-Museum-Tellow in die Trägerschaft des Kreises Teterow aufgenommen, und so bekleidete Rolf-Peter Bartz ab dem
1.1.1989 offiziell das Amt des ersten Direktors. Das Thünen-Museum-Tellow
hatte nun den Status eines Kreismuseums. Auch wenn die sichtbaren baulichen
Fortschritte oft nur klein waren – der Enthusiasmus der „jungen Tellower" wog
immer noch viele Mängel auf. Rolf-Peter Bartz kannte kein Zaudern, sein Eifer, die Dinge direkt anzupacken, begeisterte viele Menschen. Die Zahl derer,
die anfingen, sich ebenfalls für die Bewahrung des Thünenerbes am Ort seiner
Entstehung – dem Thünengut Tellow – zu engagieren, wuchs.

Abbildung 9
Pferdestall 1950, erbaut von Thünen 1815, das zweitälteste Gebäude auf dem Gutshof
Foto: Wilhelm Stolpe 1983, Archiv Thünen-Museum-Tellow

Bis 1989 war allerdings das Engagement von Thüneninteressierten aus den alten Bundesländern im ostdeutschen Tellow nicht denkbar. Als jedoch die Mauer fiel, änderte sich auch dies. Rolf-Peter Bartz nutzte die neuen Möglichkeiten, die sich ihm boten. Besuche im Familien-Thünen-Archiv Hohenheim und in Canarienhausen, dem Geburtsort Thünens, standen rasch auf der Tagesordnung. Kontakte zu noch lebenden Nachfahren von Thünens und zu dessen Freund und Gutsnachbarn Carl Pogge (1763 – 1831) wurden gesucht. Sofort arrangierte Rolf-Peter Bartz Familientreffen. Das erste Treffen der Poggefamilie fand bereits im Mai 1991 anlässlich des 200. Geburtstages von Friedrich Pogge (1791 – 1843) statt, das erste Familientreffen der Thünens einige Wochen später im Juni zum Thünengeburtstag.

Einige Mitglieder der Thünenfamilie hatten sich aber bereits 1990 das erste Mal in Tellow zusammengefunden: In diesem Jahr nahm Rolf-Peter Bartz den 140. Todestag von Johann Heinrich von Thünen zum Anlass, um in Tellow zu einer Gedenkveranstaltung einzuladen. So kamen Wissenschaftler und Hochschullehrer der Universität Rostock, der Akademie der Wissenschaften zu Berlin und weitere Persönlichkeiten aus Kirche und Politik erstmals mit Nachfahren von Thünens auf dem Thünengut zusammen. Sogar Vertreter der internationalen Thünenforschung hatte Rolf-Peter Bartz nach Tellow gebracht: zwei Wissenschaftler aus den USA bzw. aus Japan, Robert W. Peplies und Nobukazo Taniguchi, waren angereist. An diesem 22. September 1990 wurde die Thünengesellschaft e.V. zur Bewahrung und Pflege des Thünenerbes gegründet, die ihren Sitz seitdem in Tellow hat.

Zwei Jahre später formierte sich in Asheville / North Carolina die Thünen Society – North American Division als nordamerikanische Tochtergesellschaft. Gründungspräsident wurde Robert W. Peplies, Professor für Geografie an der East Tennessee State University. Peplies' Worte sind unvergessen:

Thünen gehört nicht nur seiner Geburtsregion Oldenburg, Thünen gehört nicht nur seiner Wahlheimat Mecklenburg, Thünen gehört nicht nur Deutschland, Thünen gehört der ganzen Welt

Die vom Umbruch gekennzeichnete Zeit Anfang der 90er Jahre verschaffte dem Thünen-Museum viel Rückenwind, der nach besten Möglichkeiten genutzt wurde. Die Tellower Museumsleitung erarbeitete die „Entwicklungskonzeption 1992 – 2010", in der langfristig Ziele und Maßnahmen konkret abgesteckt wurden.[9] Auf der Grundlage dieses zwei Jahrzehnte umfassenden Konzeptes bewilligte das Bundesagrarministerium ein umfassendes Förderprogramm. Fast gleichzeitig konnten Sanierungsarbeiten an mehreren Gebäuden des Thünengutes in Angriff genommen werden: Das Gutshaus wurde grundsaniert, ebenso die Thünenscheune, die Dächer der Neubauernhäuser wurden neu gedeckt und die Thünenkate nach ihrem Umbau 1992 als Jugendbegegnungsstätte eröffnet. Auch die beiden Brücken im Thünenpark, die die sogenannte „Liebesinsel" in den Parkrundgang integrieren, wurden erneuert. Das Wohlwollen und die Förderung, die das Thünen-Museum-Tellow in dieser Zeit erfuhr, waren das Ergebnis einer gemeinschaftlichen Zusammenarbeit. Sowohl die Fürsprache Einzelner, als auch die große Unterstützung der Bundes- und der Landesregierung und des Altkreises Teterow führten schließlich dazu, dass das historische Gutsensemble bis heute als kulturgeschichtliches Kleinod in unserer ländlichen Region präsentiert werden kann.

Viele Mitglieder der Thünengesellschaft e.V., gerade auch aus den alten Bundesländern, haben ihrerseits gleich Anfang bis Mitte der 90er Jahre den Weg nach Tellow gesucht und gefunden. Einen besonderen Status hatten natürlich alle Nachfahren Thünens, die sich in Tellow zum Teil das erste Mal trafen. Das Thünengut erwies sich als besonders geeignete Begegnungsstätte. So ist es selbstverständlich, dass auch andere Institutionen das idyllische Gutshofambiente für sich entdeckten. Zu ihnen gehören der Bauernverband Mecklenburg-

---

[9] BARTZ, Rolf-Peter: Thünens Erbe und das Gut Tellow – gestern und heute. In: Das Thünensche Erbe im Spannungsfeld zwischen Globalisierung und Regionalisierung. Tellow 2008 (Tellower Thünen-Schriften 9), S. 129 f.

Vorpommern und der Bauernverband Güstrow e.V. Kontakte zur Rostocker Universität, aber auch z.B. zur Humboldt-Universität, zur Universität Stuttgart-Hohenheim mit dem Familien-Thünen-Archiv und zur Europa-Universität Viadrina Frankfurt/Oder sind über die Jahre gewachsen.

Am 4. und 5. Oktober 1993 fand auf dem Thünengut die 14. Tagung des Dogmenhistorischen Ausschusses der Gesellschaft für Wirtschafts- und Sozialwissenschaften (Verein für Socialpolitik) statt. Viele international bekannte Wissenschaftler gehören zu den Mitgliedern des Vereins. Als Ergebnis dieser Zusammenkunft auf fruchtbarem Tellower Boden gab Heinz Rieter einen viel beachteten Tagungsband heraus.[10]

Abbbildung 10
Rolf-Peter Bartz wurde für seine Verdienste um die Entwicklung des kulturellen Lebens in Mecklenburg-Vorpommern mit dem Bundesverdienstkreuz ausgezeichnet Foto: U. Meyn

Bis heute sind z.B. Ulrich van Suntums Aufsatz über *Johann Heinrich von Thünen als Kapitaltheoretiker* oder der von Ernst Helmstädter mit dem Titel *Wie künstlich ist Thünens natürlicher Lohn?* fundamentale Beiträge zur weltweiten Thünenforschung. Die drei genannten Wissenschaftler sowie weitere Teilnehmer sind Mitglied der Thünengesellschaft e.V. geworden.

Nach und nach wurde das Gutshofensemble immer weiter saniert. Die wirtschaftliche Sicherheit, die die Übernahme des Thünen-Museums-Tellow in die kommunale „Kulturstiftung Teterower Kreis" 1993 mit sich brachte, machte vieles möglich. Das Thünengut lebte im wahrsten Sinne des Wortes. Ein – gemessen an heutigen Verhältnissen – starker Mitarbeiterstamm wurde zusätz-

---

[10] BINSWANGER, Christoph: Johann Heinrich von Thünen als Wirtschaftstheoretiker, hrsg. von Heinz Rieter. Tagung des Dogmenhistorischen Ausschusses der Gesellschaft für Wirtschafts- und Sozialwissenschaften 14 in Tellow 1993, Berlin 1995 (Schriften des Vereins für SocialpolitikN.F., 115, 14).

lich durch Beschäftigte in Arbeitsbeschaffungsmaßnahmen ergänzt. Dem großen Gelände des Freilandmuseums tat das gut. In Tellow Tätige kamen und gingen, aber ein relativ fester Kern an Kollegen etablierte sich. Am 12. März 1996 wurde der „Verein der Freunde und Förderer des Thünen-Museums-Tellow e.V." gegründet, um die derzeit vielfältige ehrenamtliche Mitarbeit zu bündeln. Der Förderverein hatte 31 Gründungsmitglieder, bis heute hat sich die Zahl in etwa verdoppelt.

Im gleichen Jahr wurde im Mai die Museumsbibliothek in ehemaligen Wohnräumen des Gutshauses eröffnet. Anlass für ihre Einrichtung war vor allem die Übergabe des Buchbestands des Mecklenburgischen Patriotischen Vereins durch das Stadtarchiv Rostock, aber auch die genealogische und mecklenburgspezifische Sammlung von Hans Heinrich Leopoldi (1917 – 1978), die seit Ende 1994 im Thünen-Museum aufbewahrt wird, sowie der Nachlass des Thünenforschers Walter Braeuer (1906-1992). Im Februar 1997 konnte nach weiteren Umbaumaßnahmen in der oberen Etage auch ein Leseraum übergeben werden. Anlässlich des 25jährigen Bestehens des Museums überreichte die Leiterin des Universitätsarchivs Rostock Angela Hartwig Fotokopien von Thünens wissenschaftlichen Handschriften.

Tellow zog durch seine geschickt positionierte Einführung von Festen, die zur Tradition wurden, viele Gäste an: das Parkfest, das immer um den Thünengeburtstag gefeiert wird, der Bauernmarkt im September als fröhliches Erntefest und – nicht zu vergessen – die „Dörpwihnachten up de Tellowsche Däl'" erfreuen sich bis heute fortdauernder Beliebtheit. Die Museumsbäcker spezialisierten sich z.B. auf den beliebten „Platenkauken" und Brot aus einem selbstgebauten Freilandbackofen. Das Verweilen auf dem Thünengut Tellow wurde immer schöner und komfortabler. Seit 2003 Jahren werden fünf Ferienwohnungen bzw. acht Gästezimmer in der „Schnitterkaserne" angeboten, um entspannte Ferien oder Feiern mit der Option auf Übernachtung zu befördern und andererseits Tagungsgäste beherbergen zu können.

All diese Anstrengungen zur Steigerung der touristischen Aktivitäten hatten einen ernsten Hintergrund: Die Finanzierung des Thünen-Museums-Tellow war seit 1999 nicht mehr gesichert. Die wirtschaftlichen Probleme begannen, als 1999 die kommunale „Kulturstiftung Teterower Kreis" zerbrach und das Museum keinen öffentlichen Träger mehr fand. Für den Eigentümer des Thünengutes, den Landkreis Güstrow, kam eine Trägerschaft nicht in Frage. Die Gründung einer gGmbH durch den Förderverein des Museums wurde erwogen und stellte sich als zu der Zeit einzige Möglichkeit heraus, das Thünen-Museum-Tellow zu erhalten. So wurde der Gründungsvertrag der „Thünengut Tellow gemeinnützigen GmbH" am 27. August 1999 unterzeichnet und damit die Schließung des Museums verhindert.

Mit der Kulturförderung des Landes Mecklenburg-Vorpommern, den zugeteilten Haushaltsmitteln des Landkreises Güstrow, dem „Thünentitel" des Landes Mecklenburg-Vorpommern und optimalen arbeitsmarktpolitischen Bedingungen konnten die Betriebs- und Personalkosten für das Personal- und Freilandmuseum bestritten werden. Museums- und Tourismuseinnahmen glichen den Haushalt aus. Natürlich war es immer eine Herausforderung, Geld für Sanierungs- oder Ausstellungsarbeiten zu akquirieren. Die immer noch übliche Praxis der Projektförderung erlaubte keine ganzheitliche Neugestaltung des Museums. Dadurch grenzte Tellow sich von manch anderen Einrichtungen ab, was aber nicht unbedingt nachteilig war. Das Thünen-Museum profitierte sogar davon, nicht so perfekt – und niemals wirklich fertig gestaltet zu sein. Dieser Umstand erzeugte bei den allermeisten Gästen das gute Gefühl des Miteinbezogenseins, sie befanden sich immer mitten drin in der Veränderung, erlebten Verantwortlichkeit für die Erhaltung einer historischen Gutsanlage.

Der Fortbestand des Museums war durch die GmbH-Gründung zunächst gesichert. Das Thünenjubiläum im Jahr 2000 bot eine Möglichkeit, eine weitere Vorsorge zu treffen, die sich damals vielversprechend darstellte. Anlässlich des 150. Todestages von Thünens veranstalteten die Universität Rostock, das Thünen-Museum und die Thünengesellschaft e. V. eine Internationalen Thünenkonferenz in Rostock und Tellow. Dank des großen Engagements einiger Mitglieder der Gesellschaft, wie besonders Michael Rauscher, Professor an der Wirtschafts- und Sozialwissenschaftlichen Fakultät der Universität Rostock, dem „Johann Heinrich von Thünen-Haus", war dies das wohl bisher größte Fest zu Ehren Thünens. Am Rande der Feierlichkeiten wurde im Thünen-Museum-Tellow die „Johann-Heinrich-von-Thünen-Stiftung" gegründet. Stifter waren die Thünengut Tellow gGmbH, die Thünengesellschaft e.V. und die Thünenfamilie. Man versprach sich mit der Gründung die Möglichkeit des Aufbaus eines Finanzstocks vor allem für die Sicherung der musealwissenschaftlichen Arbeit, also für die Kernaufgabe Bewahrung und Verbreitung des Thünenerbes.

2002 fanden sich in Tellow anlässlich des 30jährigen Jubiläums des Thünen-Museums viele Gäste ein, darunter namhafte Persönlichkeiten aus der Landespolitik sowie ausländische Gäste. In der Festrede des Ministers für Ernährung, Landwirtschaft, Forsten und Fischerei Mecklenburg-Vorpommern Till Backhaus hieß es:

Tellow ist zu einem Mekka für Wissenschaftler aus allen Kontinenten geworden. Tellow hat sich durch die Vielzahl und Vielfältigkeit der Veranstal-

tungen zu einem Besuchermagneten entwickelt. Tellow führt die Jugend an das Thünenerbe heran. Die Jugendbegegnungsstätte, die Thünenkate, ist ein Knüller für viele kleine Thünenfreunde. Und es ist offensichtlich: Tellow wird immer attraktiver, Tellow gewinnt zunehmend an Ausstrahlung. Als Bildungsstandort, die Auftragsbücher sind gut gefüllt. Als kultureller Schwerpunkt in der Region. Als Netzwerkteil für Biotechnologien. Hier sehe ich die Schmiede, um über andere Formen des Zusammenlebens nachzudenken. Und wir können heute feststellen, dass es alle Akteure in Tellow verstanden haben, der guten Tradition folgend nicht nur Brücken in die Welt zu bauen, sondern dass man auch die Chance genutzt hat, Brücken in die Zukunft zu bauen. [11]

Tatsächlich war die Zeit von einem stetigen Vorankommen geprägt, Schritt für Schritt wurde auch weiterhin die Umsetzung des „Entwicklungskonzeption 1992 – 2010" verfolgt. Ende der 1990er bis Anfang 2000 waren die Thünen-Ausstellungsbereiche intensiv überarbeitet worden. So konnte das „Gärtnerhaus" neben dem Gutshaus durch Sponsoring in das museale Gutshofensemble integriert werden. Es wurde, gefördert vom Land Mecklenburg-Vorpommern, zum „Internationalen Thünenzentrum" umgestaltet. 1999 übereignete der bedeutendste japanische Thünenforschers Professor Yasuo Kondo (1898 – 2005) dem Museum seine Gesammelten Werke.

Die Gästewohnungen im „Gärtnerhaus" und das Ferienhaus daneben wurden ausgebaut. Nach dem 30. Museumsgeburtstag folgten der Umbau der „Schnitterkaserne" zum Jugendgästehaus und der des Kornspeichers zum Gutsmarkt, Café und Eingangsbereich des Museums. Die Galerie im Kornspeicher wurde bereits zum Parkfest 2003 einweiht.

Andererseits wurde 2001 letztmalig der Thünentitel honoriert. Als enger Partner des Thünengutes und als Minister, der die historische Bedeutung des Standortes Tellow verstand und unterstützte, schlug Till Backhaus der GmbH vor, selbst einen Landwirtschaftsbetrieb zu unterhalten, dessen Gewinne in die Finanzierung des Thünen-Museums einfließen könnten. Die Landgesellschaft Mecklenburg-Vorpommern teilte der Thünengut Tellow gGmbH eine Pachtfläche von rd. 300 ha[12] zu, die bis heute bewirtschaftet wird. Pacht nach Marktlage, ein hoher und immer teurerer Materialeinsatz sowie das Lancieren finanzieller Mittel, bis die Ernte im Herbst verkauft werden kann, gehören seitdem zum Tagesgeschäft des Museumsträgers. Dennoch ging die Rechnung des

---

[11] Das Thünengut Tellow : Vom Gutsdorf bis zur Gegenwart, Tellow 2005 (Tellower Thünen-Schriften 5), S. 7-14.

[12] 2002 pachtete die GmbH 319 ha, 2012 insgesamt 352 ha inkl. Splitterflächen.

Landwirtschaftsministers von Mecklenburg-Vorpommern auf, denn die wirtschaftliche Basis hat das Museum ein Stück weit unabhängiger gemacht hat. 2006 wurde zusätzlich in eine Photovoltaikanlage auf dem Dach der Thünenscheune investiert, die bis 2009 in drei Abschnitten erweitert wurde.

Mit einer Konferenz im Thünenhaus in der Ulmenstraße in Rostock sowie einer Fortsetzung auf dem Thünengut begingen die Universität Rostock, das Thünen-Museum-Tellow und die Thünengesellschaft e.V. 2008 Thünens 225. Geburtstag. Der noch 2008 veröffentlichte Tagungsband[13] weist eine hohe internationale Beteiligung aus. Gut in Erinnerung dürfte den Teilnehmern u.a. noch der Petersburger Theoriegeschichtler Daniela Raskov sein, der in Tellow über die russische Thünenrezeption referierte. Es wurde darüber hinaus ein breites Spektrum der aktuellen Thünenforschung geboten: Kersten Krüger, Michael Rauscher und Wolfgang Riedel war drei der referierenden Wissenschaftler. – An die Besucherfrequenz vorangegangener Thünentagungen konnte diese jedoch nicht herankommen.

Der jahrzehntelangen intensiven Arbeit auf dem Thünengut tat dies keinen Abbruch. Sie fand nationale und internationale Anerkennung – und dennoch gab es in der Folgezeit immer mehr Schwierigkeiten, die Aufgaben als Personen- und Freilandmuseum in der gewachsenen Konstellation zu finanzieren. Dabei gehört das Thünen-Museum-Tellow zu den wenigen Museen der Bundesrepublik Deutschland mit einem sehr hohen Grad an Eigenerwirtschaftung. Womit jedoch bei der Gründung der GmbH als Träger niemand gerechnet hatte: die für ein Museum unerlässliche staatliche Förderung wurde mit jedem neuen Jahr immer weiter gekürzt. Einen finanziellen Lichtblick gab es 2006 mit der Einführung des „Zukunftsfonds" durch die Landesregierung Mecklenburg-Vorpommern. Er stellte fünf Jahre lang eine Auszeichnung dar, die nur wenige Einrichtungen des Landes bekamen. Für das Thünen-Museum war er bereits im ersten Jahr seiner Zuteilung ein Rettungsanker. Dessen ungeachtet, brachen nach und nach die finanziellen Grundlagen der Bewirtschaftung der Anlage, die 1999 noch vorausgesetzt wurden, weg. Dazu gehörte, dass sich z.B. die arbeitsmarktpolitische Situation verschlechterte, Mieteinnahmen wegfielen und der Landkreis die Zahlung der dringend benötigten Haushaltsmittel verzögerte. Ständig wiederkehrende Arbeitslosigkeit des Stammpersonals, damit einhergehend Einschränkungen des touristischen Angebotes, was

---

[13] Das Thünensche Erbe im Spannungsfeld zwischen Globalisierung und Regionalisierung. Tellow 2008 (Tellower Thünen-Schriften 9).

wiederum Einnahmenverluste nach sich zieht, und das ständige Abwägen der Prioritäten waren und sind hier die Folge.

Auch deshalb war es ein besonders ermutigendes Zeichen, dass das 2008 eingerichtete Bundesforschungsinstitut für Ländliche Räume, Wald und Fischerei Braunschweig sich für den Namen Johann Heinrich von Thünen entschied. Als der Namenspatron in Form einer Bronzebüste, die der nordfriesische Künstler Fabian Vogler gestaltet hatte, für das dortige Forum enthüllt wurde, erhielt Tellow als Zeichen der Verbundenheit einen zweiten Abguss, den der damalige Präsident Carsten Thoroe 2009 in einem feierlichen Akt auf dem Thünengut enthüllte. Sie ziert seither die „Thünenschen Kreise" vor dem Tellower Gutshaus.

Abbildung 11
Carsten Thoroe, Fabian Vogler, Rolf-Peter Bartz (v. l.) bei der Enthüllung der Thünenbüste vor dem Tellower Gutshaus 2009 Foto: U. Meyn

Ausblick

2013 war das Jahr des 230. Geburtstages Thünens. Leider konnte das Jubiläum nicht genutzt werden, um die Thünenausstellung nach fünfzehn Jahren zu aktualisieren, es gab keinen finanziellen Spielraum dafür. Der Ausstellungsarbeit sollte sich das Thünen-Museum allerdings wieder widmen dürfen, sie ist für die Steigerung der Anziehungskraft der Museumsanlage unerlässlich.

Im Herbst 2013 war der Museumsbetreiber von diesem Wunsch weiter entfernt, als jemals zuvor. Der Landkreis Rostock hat durch die Halbierung der Kulturförderung drastische Einschränkung oktroyiert. Dass die kleine Summe auch noch für die Begleichung von ausstehenden Erschließungsbeiträgen für Wasser/Abwasser einbehalten wird, macht sprachlos, unabhängig davon, dass der Eigentümer der Anlage mit dieser Forderung laut Vertrag im Recht ist. Auch die Landesregierung Mecklenburg-Vorpommern setzt einseitig auf Sparmaßnahmen. Bis November wurden aufgrund der anhaltenden Haushaltsdebatte keine Mittel ausgezahlt. Die Frage nach dem weiteren Bestehen des Thünen-Museums-Tellow wird immer brennender. Sollte sich seine Ausrichtung nach vier Jahrzehnten gänzlich ändern? Zwei Szenarien sind immer noch nicht vom Tisch: Die Herauskristallisierung einer Nationalen Thünengedenk- und Forschungsstätte ohne periphere Dienstleistungsbereiche oder die Entledigung kostenintensiver musealer und inhaltlicher Arbeit bei Beibehaltung eines reinen Veranstaltungs- und Übernachtungsbetriebs. – Eine reine wissenschaftliche Einrichtung aus der Taufe zu heben, ist weder realistisch, noch finanzierbar. Ein Veranstaltungsort mit einem Museumsschließdienst ist leider wahrscheinlicher, aber auch genau das, was verhindert werden muss (die Variante wäre übrigens nach ganz kurzer Zeit zum Scheitern verurteilt: wo keine Seele ist, ist kein Hort …). – Anliegen bleibt also, das gesamte Ensemble zu erhalten. Neben dem Gutshaus und dem Gärtnerhaus konnten die „Thünen-Pogge-Begegnungsstätte" und der Bereich „Neubauernhäuser Schildt und Riedel" 2013 in den Förderantrag für Kulturmittel mit einbezogen werden. Die Schnitterkaserne, die Thünenkate und die Thünenscheune, die zur historisch gewachsenen Einheit gehören, bleiben ab 2013 durch die öffentliche Förderung unberücksichtigt.

Um eine gute Besucherfrequenz in einem Museum, das im ländlichen Raum angesiedelt ist, zu erreichen, braucht es eine ansprechende Ausstellung mit hohem Schauwert und gleichzeitig solide touristische Angebote für eine breite Klientel. In Tellow steht dafür die historisch gewachsene Gutshofanlage zur Verfügung. Seit Bestehen des Museums wurden nach und nach alle dazu gehörigen Gebäude sinnvoll genutzt, um dem Nachteil der ungünstigen Verkehrslage von Tellow entgegenzuwirken. Periphere Dienstleistungsbereiche sind gerade zur Ergänzung und Stärkung des Kernbereiches „Pflege und Verbreitung des Thünenerbes" aufgebaut worden, z.T. mit Landesförderung. Es wird also weiterhin alles daran gesetzt werden, die Thünenscheune als Museumseingangsbereich und Veranstaltungsstätte mit Gutsmarkt, Café und Speichergalerie sowie die Übernachtungsmöglichkeiten und die Jugendbegegnungsstätte Thünenkate zu erhalten.

Voraussetzung für wirtschaftlichen Erfolg und Stabilität ist, dass der Betreiber des Museums, die Thünengut Tellow gGmbH nach unternehmerischen Optionen gewinnbringend handeln und den Haushalt somit weitestgehend selbstbestimmt verantworten darf. Betriebs- und Personalkosten für das Thünen-Museum sollten verlässlich in einer zuerkannten Höhe am Anfang des Jahres zur Verfügung stehen.

Die Mittel der Kulturförderung sollten hingegen nicht seit Jahr und Tag Gefahr laufen, per Definition als „freiwillige Leistung" gestrichen zu werden bzw. erst am Jahresende Löcher zu stopfen, die dann schon zu groß sind. Seit 2012, als alle Einrichtungen, die auf der Liste der „Freiwilligkeit" gelandet waren, erst im Herbst mit ihren Haushaltsmitteln rechnen durften, wies das Thünen-Museum die Kreisverwaltung des Landkreises Rostock auf eine drohende Insolvenz hin. Der Betreiber wurde seitdem von insgesamt sechs Kommissionen, Arbeitsgruppen bzw. Instanzen auf Fehler in der Haushaltsführung geprüft. Außer Kosten auf der einen Seite und Stagnation auf der anderen wurde dadurch nichts erreicht.

Zwei Jahrzehnte vorausplanen zu wollen, wie Anfang der 1990er Jahre, das ist endgültig vorbei. Meilensteine wären sichere Arbeitsverhältnisse für die Mitarbeiter, die sich seit Jahr und Tag für die Bewahrung und Verbreitung des Thünenerbes engagieren. Das Thünengut Tellow lebt und besteht fort durch die Menschen, die hier arbeiten. Heinz Rieter, Professor an der Universität Hamburg, hat in wenigen Worten zusammengefasst, um was es uns geht:

Es [Anm.: das Thünengut] *überdauerte in Teilen alle Fährnisse der Jahrhunderte und wurde seit der Wiedervereinigung Deutschlands zu einem Museumsensemble erweitert, das seinesgleichen sucht. Man fühlt sich dort unversehens in Thünens Welt zurückversetzt, erahnt den genius loci und versteht fortan besser, wie dieser große Ökonom und Landwirt gelebt, gedacht und gewirkt hat.* [14]

---

[14] RIETER, Heinz: Johann Heinrich von Thünen in seinen Briefen, in: Johann Heinrich von Thünen: Briefe zusammengestellt und bearbeitet von Gunther Viereck. Hrsg. von der Thü-

Wer dies getan hat, kommt zu der festen Überzeugung, dass gemeinsam ein Ziel niemals aus den Augen verloren werden darf: die Bewahrung dieses besonderen *genius loci* für die folgenden Generationen.

Abbildung 12
Blick auf Guts- und Gärtnerhaus sowie auf die Thünen-Pogge-Begegnungsstätte als feste Bestandteile des historisch gewachsenen Gutsensembles Thünen-Museum-Tellow.
Foto: U. Meyn, 2013

nengesellschaft e.V. und dem Thünen-Museum-Tellow in Verbindung mit Ilona Buchsteiner und Wolf D. Gruner. Eingeleitet von Heinz Rieter, Marburg 2011, S. 31 f.

Der Festungskurier Themen der Tagungen

zur Landesgeschichte Mecklenburg / Vorpommern

Erhältlich im Museumsshop der Festung Dömitz.

http://www.festung-doemitz.de/ und im Buchhandel.